宁夏大学优秀学术著作出版基金资助

清真食品品牌溢价机制研究

QINGZHEN SHIPIN PINPAI YIJIA JIZHI YANJIU

姚蓓艳 著

中国社会科学出版社

图书在版编目（CIP）数据

清真食品品牌溢价机制研究/姚蓓艳著. —北京：中国社会科学出版社，2015.9
ISBN 978-7-5161-6864-6

Ⅰ.①清… Ⅱ.①姚… Ⅲ.①回族—食品—品牌营销—研究 Ⅳ.①F768.2

中国版本图书馆 CIP 数据核字（2015）第 208595 号

出 版 人	赵剑英
责任编辑	刘晓红
责任校对	周晓东
责任印制	戴 宽

出 版		中国社会科学出版社
社 址		北京鼓楼西大街甲 158 号
邮 编		100720
网 址		http://www.csspw.cn
发行部		010-84083685
门市部		010-84029450
经 销		新华书店及其他书店
印 装		北京君升印刷有限公司
版 次		2015 年 9 月第 1 版
印 次		2015 年 9 月第 1 次印刷
开 本		710×1000 1/16
印 张		10.25
插 页		2
字 数		201 千字
定 价		39.00 元

凡购买中国社会科学出版社图书，如有质量问题请与本社营销中心联系调换
电话：010-84083683
版权所有 侵权必究

目 录

第一章 导论 ·· 1

第一节 问题的提出 ··· 1

第二节 研究背景 ·· 2

   一 观测到的第一类事实：清真食品市场
      具有很强的增长性 ··· 2

   二 观测到的第二类事实：高成长性的清真食品市场
      吸引了国际知名品牌的进入，即存在强势在位者 ··········· 4

   三 观测到的第三类事实：中国清真食品产业
      集中度低，缺少具有市场竞争力的主导品牌 ················· 5

第三节 清真食品企业与清真食品品牌溢价 ··························· 5

   一 Halal 认证与产品溢价 ··· 5

   二 清真食品品牌与产品溢价 ··· 7

第四节 清真食品的概念及相关研究综述 ······························ 9

   一 清真食品相关概念 ·· 9

   二 清真食品的相关研究综述 ·· 11

第五节 研究思路与研究框架 ·· 16

   一 研究意义 ·· 16

   二 研究方法 ·· 16

   三 研究思路及研究框架 ·· 17

   四 主要创新点 ··· 18

第二章 清真食品的信任品属性与信息不对称 ······················ 20

第一节 清真食品的内在规定 ·· 20

   一 "清真"与伊斯兰教 ·· 20

   二 清真食品的概念 ·· 21

第二节　清真食品的信任品属性 …………………………… 23
　　　一　信任品与食品安全 ………………………………… 23
　　　二　清真食品的信任品属性 …………………………… 24
　　第三节　清真食品的信任品属性与市场失灵 ……………… 25
　　　一　清真食品的信任品特征与市场失灵 ……………… 25
　　　二　清真食品市场信息不对称解决途径 ……………… 27

第三章　清真食品认证制度的产生与发展 …………………… 35
　　第一节　清真食品认证制度的形成与发展 ………………… 35
　　　一　清真食品供应方自发对消费者进行"信号传递" …… 35
　　　二　委托穆斯林机构进行信息甄别 …………………… 37
　　　三　清真食品的第三方认证 …………………………… 39
　　第二节　清真食品认证制度现状及面临的挑战 …………… 40
　　　一　清真食品认证制度现状 …………………………… 40
　　　二　清真食品认证制度存在的问题及挑战 …………… 41
　　第三节　中国的清真食品认证制度发展策略分析 ………… 46
　　　一　统一国内清真食品立法和认证标准 ……………… 46
　　　二　明确清真食品管理及认证机构的职责 …………… 47
　　　三　与国际权威清真认证标准接轨 …………………… 47
　　　四　建立完善的清真认证体系 ………………………… 48

第四章　清真食品的消费者选择两阶段模型分析 …………… 50
　　第一节　清真食品市场与清真食品消费者 ………………… 50
　　第二节　消费者购买决策综述 ……………………………… 51
　　　一　理论经济学角度的消费者购买决策 ……………… 52
　　　二　认知心理学角度 …………………………………… 52
　　第三节　清真食品消费者购买决策两阶段模型 …………… 53
　　　一　穆斯林消费者两阶段选择模型 …………………… 54
　　　二　非穆斯林消费者选择两阶段模型 ………………… 59

第五章　清真食品品牌溢价机制分析 ………………………… 62
　　第一节　清真食品认证与溢价 ……………………………… 62

第二节　基于霍特林模型框架下的清真认证食品差异化 …… 66
　　第三节　清真食品品牌的溢价机制 …………………………… 68
　　　一　品牌溢价与品牌资产 …………………………………… 68
　　　二　清真食品品牌溢价机制 ………………………………… 69

第六章　基于有限样本的清真食品消费者态度实证研究 ………… 76
　　第一节　方法与数据来源 ……………………………………… 76
　　　一　数据来源 ………………………………………………… 76
　　　二　调查问卷的设计 ………………………………………… 77
　　第二节　数据概览 ……………………………………………… 78
　　第三节　问卷评估与检验 ……………………………………… 80
　　　一　问卷信度检测 …………………………………………… 80
　　　二　问卷的效度检测 ………………………………………… 81
　　　三　相关系数的检验 ………………………………………… 87
　　　四　消费者对"清真认证认知"影响因素的分析 ………… 88
　　　五　"清真食品溢价接纳度"影响因素的分析 …………… 94
　　　六　基于结构方程的"清真食品溢价过程"实证研究 …… 99

第七章　提升中国清真食品溢价能力的策略分析 ……………… 110
　　第一节　中国清真食品产业现状分析 ………………………… 110
　　　一　中国清真食品产业有很大潜力 ………………………… 110
　　　二　中国清真食品产业整体水平有待提升 ………………… 110
　　第二节　提升中国清真食品溢价能力的对策分析 …………… 113
　　　一　打造安全稳定的市场环境，建立健全
　　　　　多层次监督体系 ………………………………………… 113
　　　二　中国清真食品认证品牌化策略 ………………………… 115
　　　三　清真食品品牌溢价策略分析 …………………………… 123

第八章　总结与研究展望 …………………………………………… 133
　　第一节　总结 …………………………………………………… 133
　　第二节　研究展望 ……………………………………………… 137

附录一　关于清真食品的消费者调查问卷……………………… 139

附录二　宁夏回族自治区清真食品认证通则……………………… 145

参考文献……………………………………………………………… 150

第一章 导论

第一节 问题的提出

本书拟解决的问题是：清真食品实现产品溢价前提条件是什么，以及如何针对不同的目标顾客实现溢价。

食品是人类生存与发展的最基本条件。21世纪随着经济持续增长以及科技的不断进步，消费者对食品的生产与消费提出了更高的要求，食品不仅仅是解决最基本的生理需要，同时也代表着一种生活方式以及自我认知，因此食品的消费成为人们的重要社会行为。在今天，随着消费者收入水平和社会认知水平的不断提高，其对食品的选择也包含了消费者对健康、安全、绿色以及注重动物福利与公平交易等生活态度的认知与追求。与此同时，随着食品工业化以及社会分工的不断细化，对于终端消费者而言，"从农田到餐桌"所经历的食品链环节越发复杂、不透明，食品安全事件频频发生，对于消费者而言如何选择出可以信赖的食品成为一项复杂的任务。清真食品是食品中的特殊种类，具有"宗教性、民族性、禁忌性"的特点，一方面是穆斯林消费者的生活必需品，另一方面清真食品本身并不排除非穆斯林消费者的购买，同时由于其内在具备的"合法、健康、佳美、环境友好"等食品诉求而逐渐成为大众消费者对高质量、安全健康的食品选择。许多非穆斯林的跨国企业也认识到清真食品市场的增长性，进入这一领域。一方面是具有成长性的市场，另一方面是面临的激烈的竞争，对清真食品企业而言，如何在满足目标顾客需求的前提下实现其自身利润最大化是其亟待解决的问题。本书拟采用与经济学相关的研究方法及工具，引入品牌经济学范式，研究在过剩经济条件下，清真食品的认证如何发挥质量信号的作用使生产厂商的产品可以进入到消费者选择集，从而为消费者减少信息成本；同时，随着清真食品市场竞争的日趋激烈，厂商如何通过提升清真食品品牌信用度，进一步在满足目标顾客的物质与情感利益的同时降低消费者选择成本，从而获得与行业平均水平相比的溢价收入或更大的市场份额。

第二节 研究背景

一 观测到的第一类事实：清真食品市场具有很强的增长性

（一）随着穆斯林人口的迅速增长，全球清真食品市场成为新的经济增长点

美国皮尤研究中心（Pew Research Center）[①] 2009 年 10 月发布的研究数据表明：通过该中心独立对 232 个国家及地区的人口统计和 1500 份人口普查报告分析计算得出，全球穆斯林人口数量迅速增长，其人口总额已接近 16 亿，占全世界总人口的 23% 之多（以同年期世界人口总额 68 亿计算）。卡内基国际和平基金会（Carnegie Endowment for International Peace）[②] 也得出了同样的结论。根据统计资料，其中穆斯林人口主要集中分布在亚洲和北非，大约 80% 的穆斯林人口分布在这里。除了中东、北非这些传统的伊斯兰国家人口持续增加之外，法国、英国、德国以及美国等西方发达国家随着穆斯林移民数量的增加，其国内穆斯林人口数量总额也迅速增长。预计到 2030 年，世界穆斯林总人口将突破 23 亿。庞大的人口基数、高速度的人口增长率以及广泛的地理分布意味着穆斯林食品消费市场的扩大，目前全球清真食品交易总额年均达 1500 亿美元，2010 年全球饮食业营业额为 12000 亿美元，其中的清真食品营业额则占 6500 亿美元，占据了全球饮食营业额极大的市场份额。[③] 除了穆斯林消费者本身具有成长性之外，清真食品由于其内在特有的"清洁、佳美"特质，与

[①] 美国皮尤研究中心是美国的一家独立民调机构，其总部设置于华盛顿。该研究中心主要对影响美国乃至世界的问题、态度与潮流提供信息资料。其中宗教信仰与公共生活是其致力于研究的一个重要方面。

[②] 卡内基国际和平基金会创设于 1910 年，研究的主要范围包括非洲政策、民主、政治与世界安全、全球议题、国际移民政策、核武不扩散、俄罗斯及欧亚事务等。

[③]《世界旅游业促进国际化清真食品走向健康之路》，中国清真网（http://xb.musilin.net.cn/2011/0405/65101.html）。

"犹太洁食"、有机产品一样,逐步成为主流的产品,在消费者心目中成为高质量以及独特的民族性食品的代名词。如今清真食品业已进入发达国家,成为其食品市场的一部分,相关学者的调查研究表明在美国清真食品的购买者不仅仅限于穆斯林消费者还包括犹太消费者(Minkus – McKenna,2007)。

表1–1　　全球穆斯林人口分布情况(截至 2013 年 8 月)

地区	总人口数(百万)(2013)	穆斯林人口比例(%)	穆斯林人口数(百万)
非洲	1070.3	53.12	568.55
亚洲	4284.7	31.92	1364.79
欧洲	739.81	7.54	55.8
北美洲	464.9	1.8	7.97
南美洲	483	0.41	2.04
大洋洲	36.54	0.38	1.5
总计	7079.25	28.26	2000.65

资料来源:http://www.muslimpopulation.com/World/。

(二)中国是多民族国家,清真食品在国内也有广阔的市场空间

中国是多民族国家。在 56 个民族中,回族、维吾尔族、哈萨克族、柯尔克孜族、乌孜别克族、塔塔尔族、塔吉克族、东乡族、撒拉族、保安族等少数民族均信奉伊斯兰教,穆斯林人口超过 2000 万。其中除回族外,其他信仰伊斯兰教的少数民族大都是聚居形式,主要分布在中国西部的新疆、青海、甘肃等地区,而回族在中国穆斯林中所占比例最高,总人口近 900 万,以"大散居,小聚居"的形态分布。据全国第五次人口普查资料显示,在中国 56 个民族中,回族按省区市显示出的人口分布离散度位居第三,仅仅低于汉族和高山族,这一数据表明回族在中国分布非常广泛。从其"小聚居"的形态来看,回族自治地方一共有 14 个,其中包括 1 个自治区(宁夏回族自治区),2 个自治州(甘肃临夏回族自治州和新疆昌吉回族自治州)、11 个回族自治县(包括民族联合自治县)[①],而其中宁

---

① 11 个回族自治县分别是河北的大厂回族自治县、孟村回族自治县,甘肃的张家川回族自治县,贵州的威宁彝族回族苗族自治县,云南的寻甸回族彝族自治县、巍山彝族回族自治县,青海的大通回族土族自治县、民和回族土族自治县、化隆回族自治县、门源回族自治县以及新疆的焉耆回族自治县。

夏回族自治区、甘肃临夏回族自治州和新疆昌吉回族自治州以及其中的6个自治县都分布在中国的西北地区。在全国的140个回族乡中，西北地区却只包括其中的37个，其余则分布在西南地区28个，华北地区27个，华东地区12个，东北地区5个，中南地区有31个。同时，回族也是中国56个民族中城市化程度最高的民族之一。在中国183个百万人口以上的城市中，大部分城市的主要少数民族均为回族。穆斯林广泛的地域分布以及具备一定规模的人口数量表明中国国内清真食品市场发展有相当的潜力。据中国伊斯兰教协会统计资料显示："中国国内清真食品年交易额达21亿美元并且逐年约以10%的增速递增。"①

二 观测到的第二类事实：高成长性的清真食品市场吸引了国际知名品牌的进入，即存在强势在位者

清真食品市场的增长潜力使一些国际知名食品企业将目光投向了那里。凭借其资金实力、品牌优势以及先进的市场营销手段和对销售终端的控制能力，通过国际知名的清真认证机构的认证，一些国际知名食品企业强势进入这一领域。雀巢（Nestle）、联合利华（Unilever）、乐购（Tesco）、麦当劳（Mcdonalds）、肯德基（KFC）等跨国企业，也通过Halal认证推出清真食品。② 以雀巢集团为例，在世界知名的巧克力和咖啡制造商的称号背后还同时是全球最大的清真食品制造商。自20世纪80年代起，雀巢公司就认识到了开发清真食品进入到清真食品领域的重要性，因此在马来西亚建立了清真食品制造基地，致力于清真食品的开发，同时雀巢集团还参与了马来西亚Halal认证标准和体系的建立。目前，雀巢集团旗下有154条清真食品生产线，其清真产品销售至全球超过50个国家，其清真产品为公司总利润的贡献度不断上升。而麦当劳、肯德基等国际知名快餐也逐步在西亚、北非及东南亚等所有以穆斯林为主的国家广设清真认证餐厅（Halal Restaurant）。

国际清真市场面临着跨国企业的竞争，国内清真市场也面临着激烈的竞争。正大集团投资5000多万元在中国建立了"秦皇岛正大清真食品研

---

① 《泰国关注中国清真食品市场》，中华人民共和国商务部网站（http://www.mofcom.gov.cn/aarticle/i/jyjl/j/201105/20110507562039.html）。

② 董佩珍：《悄悄发光的神秘伊斯兰半月：不能错过的伊斯兰商机》，《贸易杂志》2010年第9期。

发中心",力求打造中国清真厨房食品;① 而中国的两大肉类加工品牌,"春都"与"双汇"也都通过清真认证推出了相应的清真食品。

由此可见,清真食品认证一方面是一般的食品产品进入清真食品市场的壁垒,另一方面也是进入清真食品市场的通行证。而具备资金、人才、技术等生产要素的优势地位的跨国企业也参与到这一市场的竞争为中国清真食品企业带来很大的压力。

三 观测到的第三类事实:中国清真食品产业集中度低,缺少具有市场竞争力的主导品牌

在蒸蒸日上的全球清真食品贸易中,中国清真食品企业所占据的市场份额并不大。据商务部统计资料显示,国际清真食品贸易额近些年均达1500多亿美元,而中国清真食品出口额却一直在1亿美元左右徘徊(与此相比2007年加拿大清真食品出口额达20亿美元),这些数字表明中国清真食品产业参与国际市场竞争的能力较弱。

"目前全国共2400多个市县中,占97.3%的市县有清真食品相关产业。饮食、副食、食品经营户达12万多户,其中专门生产、经营清真食品的企业有近6000多家。"② 虽然有吉林皓月集团等这样具备一定规模和竞争优势的清真食品企业,但从整体来看中国清真食品产业仍存在技术水平低,仍以食品原料的初加工为主,没有产品特色从而存在着普遍意义上的"低质同构"现象以及清真食品企业缺乏品牌意识,不注重对目标顾客心理和行为分析,缺乏市场竞争力等问题。

第三节 清真食品企业与清真食品品牌溢价

一 Halal 认证与产品溢价

企业一般是指以营利为目的,运用各种生产要素(包括土地、劳动力、资本和技术等),向市场提供商品或服务,实行自主经营、自负盈亏、独立核算的具有法人资格的社会经济组织。为了获取利润,企业通过

---

① 《秦皇岛正大清其食品研发中心落成》,食品商务网(http://www.21food.cn/html/news/13/644597.htm)。
② 马勇、何慧媛、王博:《清真食品:我国食品产业高速增长的生力军》,新华网(http://www.xinhuanet.com/fortune/2010-08/11/c-12435068.htm)。

配置资源努力扩大其市场份额以及提高产品单位利润额。在过剩经济条件下，企业生产的产品的价值实现是通过消费者选择而完成的，只有经过选择才能完成交易行为，清真食品企业也是如此。清真食品具有信任品（credence qualities）特征，即消费者即使消费后仍无法全面知道其质量信息。由于穆斯林消费者对食品要求的特殊性，清真食品需要通过 Halal 认证来弥补消费者的不完全信息，降低消费者的选择成本。在此 Halala 认证机构作为第三方，实际上以"背书"的形式通过发放 Halal 证书为产品做了信用担保。

经营清真食品必须经过 Halal 认证，而经过 Halal 认证并不意味着一定可以取得产品溢价。

首先，Halal 认证机构林立且国际并无统一的 Halal 认证标准。

由于穆斯林分布在全世界不同的国家和地区，受到各自国情、政治体制、法律环境以及社会经济发展不同状况的制约，Halal 认证制度也各有不同，这造成了 Halal 认证体系的混乱。根据阿拉伯联盟内部资料统计，世界共有超过 300 家的 Halal 认证机构，而其中注册并取得合法资格的机构仅占 33%。这些认证机构性质也各不相同，一些是政府认证，一些则属于私人机构认证。不同的认证机构其认证规则以及各自被市场认可的程度和范围也不尽相同。缺乏统一标识和评判规则的 Halal 认证市场本身的混乱损害了 Halal 认证的权威性和约束性。消费者面对众多的 Halal 认证标识反而增加了其购买中的选择成本。

其次，通过 Halal 认证的食品均为清真食品，非穆斯林企业也同样可以通过取得认证的方式进入清真食品市场。

雀巢、联合利华、肯德基等国际知名品牌的进入增强了清真食品市场的竞争度，仅在美国就有 1000 种左右获得 Halal 认证的清真食品（Minkus – McKenna，2007）。由此可见，虽然清真食品市场有潜在的增长性，但通过 Halal 认证，仅仅是产品获取进入清真食品市场的通行证，从而成为清真食品消费者选择的备选集选项的先期条件，而绝非目标顾客最后选择的充分条件；最终若该产品没有获取消费者的选择则产品溢价无从谈起。

综上所述，经过 Halal 认证的食品均为清真食品，在经过认证的前提条件下，清真食品企业与其他一般食品企业共同竞争，因此 Halal 认证本身并不能带来产品溢价。

二 清真食品品牌与产品溢价

"溢价"(premium),这一词汇早期主要是指投资领域的价格增值。相当于证券投资学中术语——"升水"。具体讲,"是投资人所支付的高于其所投资有价证券的票面价格或利率水平的那部分价格"。[①] 由此,有价证券得到了升值。而随后,这一概念由金融投资领域逐步扩展至一般产品市场,从而逐步衍生出"产品溢价"这一概念。

由溢价的基本概念——"价格升值"不难推导出产品溢价是指"超出正常竞争条件下所确定的市场价格的那部分价格,是消费者由于消费某一企业的商品而愿意额外支付的货币"。(范道津、何伟怡,2008)虽然产品溢价的概念学者并无异议,但是不同经济学家对产品溢价产生的原因则有不同的见解。Robert Peterson(1970)指出,由于搜寻产品实际质量信息需要支付一定的成本费用,消费者愿意以价格来推断产品质量信息,从而给企业操控价格获取高额利润创造了条件。换句话说,价格本身就是质量信号,对于消费者而言高溢价等于高产品质量。Leo 和 Monroe(1996)则认为产品溢价是消费者和企业双方共同的理性选择。他们指出,只要存在信息不对称,消费者对产品实际质量水平无法确认,而同时当企业承诺且确实提供与宣传质量一致的高质量产品时,消费者愿意为该企业的产品支付溢价(高于市场平均价格水平);同时溢价的存在又为企业出售一致的和高品质的产品提供了正向激励,正是上述两方面的原因,从而产生了溢价存在和持续的理论和现实机制。

清真食品企业的产品溢价由何而来?从分析来看,Halal 认证本身仅仅是进入市场的通行证,而只有成为清真食品消费者的必选项,才能获取产品溢价。根据品牌经济学理论可以得出,只有品牌才是产品溢价产生的原因。"所谓品牌,是与目标顾客达成长期利益均衡,从而降低选择成本的排他性品类符号。通俗地讲,品牌就是使目标顾客不假思索且持久购买的理由。"[②]

从清真食品消费者角度而言,其理性购买的过程是在预算约束条件下取得效用最大化。而消费者愿意溢价(即高于市场同类产品平均价格)购买的消费意愿则来自于消费者对该商品的感知。Zeithaml、Anderson、

---

① 商务印书馆的《英汉证券投资词典》将其解释为:"升值;升水。即高出标准价格、标准利率或证券票面价值的部分……"

② 孙曰瑶、刘华军:《品牌经济学原理》,经济科学出版社 2007 年版,第 57 页。

Kotler 等学者的相关研究都得出类似的结论。其中，Zeithaml（1988）指出，"顾客根据自身所感知到的产品或服务质量以及消费者为获取这种产品或服务时所支付的成本和费用进行对比和衡量之后而形成对该产品或服务净效用的最终评价，这也就是所谓的顾客感知价值。"[①] Anderson、Jain、Chintagunta 等（1992）认为，"消费者在和生产厂商进行交易后获取产品和服务，而从中获取的所有的总利益（包括直接的经济和技术利益以及间接的社会利益等）均构成消费者可感知价值即顾客价值"。[②] 而营销领域的学者科特勒（Kotler，2000）则采用了顾客让渡价值的概念，指出，"顾客让渡价值（customer delivered value）是指总顾客价值与总顾客成本之差。其中，总顾客价值（total customer value）就是指顾客从某一具体的产品或服务中获得的一系列利益总和，其内容可包括产品价值、服务价值、人员价值和形象价值等。而顾客总成本（total customer cost）是指顾客为了购买某一具体产品或服务所耗费的时间、精神、体力以及所支付的货币资金等，作为理性经济人，顾客在购买产品或服务时，总希望把相关成本（其中，包括货币、时间、精神和体力等）降到最低限度，而同时又希望从该产品或服务中获得更多的实际利益，以使自己的需要得到最大限度的满足。因此顾客在选购产品时，往往从价值与成本两个方面进行比较分析，从中选价值最高、成本最低，即以顾客让渡价值最大的产品作为优先选购的对象"。[③] Kotler 的这一观点与 Zeithaml（1988）是基本一致的。孙曰瑶、刘华军（2007）指出，消费者除了支付商品价格外，还需要支付信息搜寻成本（即交易费用）；除此之外，消费者搜寻到所需相关信息而建立起可供选择的备选集后进行决策仍需要成本，即选择成本（choice cost）。由此从消费者选择出发，消费者购买产品或服务的支出也应包括选择成本。

综上所述，顾客对商品的感知包括两部分即感知所得与感知所失，只有顾客感知所得≥顾客感知所失，交易方可成立。

---

① Zeithaml V. A., "Consumer Perceptions of Price, Quality, and Value: a Means – end Model and Synthesis of Evidence", *The Journal of Marketing*, 1988, pp. 2 – 22.

② Anderson J. C., Jain D. C., Chintagunta P. K., "Customer Value Assessment in Business Markets: A State – of – practice Study", *Journal of Business – to – Business Marketing*, 1992, 1 (1), pp. 3 – 29.

③ 菲利普·科特勒：《营销管理》，梅汝和、梅清豪、周安柱译，中国人民大学出版社 2000 年版。

其中：

顾客感知所得＝物质利益＋情感利益

顾客感知所失＝商品价格＋交易成本＋选择成本

从中可以看出，如果物质利益代表着产品的物理属性，那么增加其情感利益会增加顾客感知所得；同时如果可以降低顾客的交易成本和选择成本，则为商品的销售价格预留了溢价空间。而依据品牌经济学原理，在过剩条件下，品牌可以降低消费者选择成本，降低选择过程中的交易费用，因此不难看出，在产品质量一定的情况下，清真食品企业通过清真食品品牌信用度的提高可以获得产品溢价。

从清真食品企业角度来看，清真食品品牌可以带来其品牌资产溢价。具体而言包括两部分。

第一，现金收入的增加。如上所述，清真食品品牌可以通过降低消费者选择成本为其带来高于同类产品平均价格的溢价收入。

第二，非现金收入的增加。一方面，当顾客由于节约了购买产品的选择成本从而获取了较高的让渡价值时，消费者愿意支付高于平均水平的商品价格。另一方面，消费者由于满意度的上升从而对该品牌有正面的评价并重复购买且对其进行良好的口碑宣传，这些行为对该清真食品品牌未来的市场份额及品牌信用度的提升有正面效应。

综上所述，Halal 认证仅仅是清真食品企业进入清真食品市场的前提条件，而获取产品溢价则需要打造清真食品品牌，通过降低消费者选择成本增加消费者让渡价值从而为产品溢价预留空间；同时，消费者让渡价值的提升对清真食品品牌本身也有正面的推动作用。

第四节　清真食品的概念及相关研究综述

一　清真食品相关概念

（一）食品与清真食品

根据2009年颁布的《中华人民共和国食品安全法》第十章附则中第九十五条对"食品"定义如下："食品，指用于人食用或者饮用的经加工或者未经加工的物质，包括饮料、口香糖和已经添加、残留于食品中的物质，但不包括只作为药品使用的物质。"

而"清真食品"则是食品中的特殊种类。"清真"一词原本与宗教无关，在中国汉语里，原作纯洁、洁净、质朴、清廉或清雅自然的意思。而后"清真"一词取其品质高洁清修的含义逐步用于宗教：景教、犹太教、明教（原波斯摩尼教）、道教、佛教等都有使用"清真"一词的记载。如道教有宗教活动场所"清真观"，佛教中有"传闻净刹甚清真（阿弥陀佛）"、"我常自叹苦精勤，希闻无上法清真"等经文。随着伊斯兰教的传入，一些回族儒学家取其"纯洁无染之谓清，诚一不二之谓真"的含义作为对伊斯兰教的内在精神的概括，南京净觉寺中就有一块明太祖题词的《至圣百字赞》御碑，其中就有"教名清真"一语。明正统十二年至十三年（1447—1448）北京东四清真寺建成，据明朝景泰年间（1450—1457）陈循撰《敕赐清真寺兴造碑记》中记载："清真寺初名礼拜寺……寺成，蒙恩赐额曰清真寺。"至此"清真"在中国逐步成为对伊斯兰教的专有代称。

伊斯兰教根据《古兰经》及《圣训》对食品有其特殊的规定。因此"清真食品"，简单地讲即为符合伊斯兰教"Halal"标准的食品。"Halal"的意思是"合法的"、"允许的"，它的反义词是"Haram"，意思是"不合法的"、"禁止的"。根据1996年联合国粮农组织和世界卫生组织共同举办的第24届食品标签法典委员会会议上通过的《清真术语使用指南草案》，明确指出：清真食品意为被伊斯兰法律许可并且不含有或没有不符合伊斯兰法律的物质组成；没有被不符合伊斯兰法律规定的用具或设施处理、加工、运输和储存过；在处理、加工、运输和储存中，没有接触过不满足以上条件的食品。

（二）清真食品与 Halal 认证

清真认证即 Halal 认证是指由第三方（非供方，也非需方；非生产者，也非消费者）经授权的独立的权威机构根据《古兰经》和《圣训》等相关规则，对厂家的产品或生产体系进行认证与监督，并就通过与否签发检测报告与证书的过程，取得清真认证也就说明产品质量和安全符合了清真标准。

在没有进入社会化大生产的工业时代，清真食品是不需要认证的，通常是由穆斯林按照伊斯兰教的教规以家庭作坊形式生产并销售，其招牌一般有阿文或者汤瓶等标识其穆斯林身份，这对于最终消费者而言本身就是一种保证。但随着商品经济的不断发展，社会分工进一步深化，清真食品的生产和销售环节增多,清真食品的贸易突破了地理限制,最终消费者无法了解每一个环节是否符合教义规定,由于食品的清真性渗透至原材料的选择、加工工艺、贮藏、运输各个环节,这些信息对于消费者而言是不透明的,为了保护消费者利益,降低穆斯林消费群甄别 Halal 食品的成本,因此需第三方对食品进行认证即"Halal 认证"。

(三) 清真食品与清真食品品牌

如上所述取得 Halal 认证的食品均可称为清真食品。清真食品可以由清真食品企业提供,也可由一般性的食品企业在满足 Halal 认证条件的基础上取得认证资格。如中国的两大肉类加工品牌,"春都"与"双汇"也都通过清真认证推出了相应的清真食品。

而清真食品品牌则又包括清真食品专属品牌与一般的食品品牌。清真食品专属品牌是指食品企业所生产经营的用于且仅限定用于清真食品产品的品牌;而一般的食品品牌是指其品牌非清真食品专属,但在产品通过清真认证后,也同时用于清真食品之上,是一般食品品牌延伸至清真食品上的品牌。由此可见,同时生产清真肉肠与非清真肉肠的"春都"与"双汇"尽管其清真肉肠产品经过了 Halal 认证属于清真食品,但其品牌不属于清真食品专属品牌。

二 清真食品的相关研究综述

(一) 国外研究现状

随着穆斯林人口及其购买力的迅速增长,这一重要的新兴食品消费市场,引起了不同国家地区的重视,同时也有一批相关的专家学者对相关问题展开研究。由于清真食品国际贸易以及国际统一认证制度仍然处于初步探索和发展阶段,由此相关研究开展也较晚。

以马来西亚和印度尼西亚为代表的穆斯林国家将清真产业作为推动其经济增长的主要动力,自 20 世纪 80 年代起这些国家及地区专门设立机构汇集食品技术、工业技术、化学、生物化学、畜牧、兽医、医药及经济管理和其他有关领域的专家和学者,对于清真产品的生产认证体系及认证过程进行研究并致力于其标准在世界清真产品消费市场的推广从而提升其国家和地区的产业竞争力。其中,穆斯林学者 Kambiz Heidarzadeh Hanzaee (2011)、Che Man Y. B. (2003) 以及 Shahidan Shafie、MdNor Othman (2009) 等认为,清真产业已成为新的经济增长点,而 Halal 认证是其中的重要环节,各学者从不同角度分析了 Halal 认证的基本内容及现状,并提出 Halal 产品或清真产品已不仅仅是一个宗教话题，而已进入贸易经济领域，并在全世界逐步成为高质量的保证以及一种新型的生活方式。其中马来西亚学者 Nik Maheran Nik Muhammad（2006）、Filzah Md Isa、Bidin Chee Kifli（2009）还对马来西亚以政府为主导的清真产业发展模式加以评述，认为统一规范同时符合现代化食品加工生产趋势的清真食品管理标准和清真食品认证体系的建立健全为国内食品的食品安全奠定了基础，同时也是提升本国清真食品产业国际竞争力的有力保障。除了对伊斯兰国家的认证标准以及如何提升本国清真食品产业竞争力等问题研究外，一些穆斯林学者还研究了国际知名企业通过 Halal 认证后进入清真食品市场的竞争问题。Baker Ahmad（2010）指出，清真品牌由于其内涵的不断丰富及外延的扩张，使其更具有盈利机会。而同时一些国际品牌通过 Halal 认证也可以进入这一领域，虽然认证会提高产品成本及复杂生产过程，但是与不断扩大的消费市场相比是值得的。但如果真正想被消费者接受则必须考虑到穆斯林消费者的需求。Shahidan Shafie 以及 Md Nor Othman 分析了 Halal 认证的基本内容及所面临的挑战。

　　对清真食品的研究不仅仅限于伊斯兰国家，这一新兴产业巨大的市场前景引起了欧美等发达国家学者的重视，一些学者从生物科技、贸易经济等不同角度进行研究。Riaz M. N.（1998）、Johan Fischer（2008）指出，社会化大生产、产业链分工以及新的食品制造技术对 Halal 认证提出了新的要求，即认证的范围不仅仅限于肉制品还涉及各种食品添加剂，同时新的 Halal 认证标准也对现代化的检测技术提出了新的要求：如何快速检验出不符合伊斯兰教规定的酶、食品添加剂的成分，因此清真食品产业的国际化发展对生物科技公司也会产生影响。Tetty Havinga（2010）则从政府规制角度对"Halal 食品"与"Kosher 食品"在美国与欧盟国家现状及发展展开了研究。Alhabshi S. M., Mariam S.（2013）则通过"田野调查"法，对加拿大的"Halal 食品"认证状况进行了研究，其结果表明在加拿大清真食品的主要利基市场（Niche Market）是出口贸易，由此"Hala 食品"认证主要用于出口需要。2010 年 7 月，英国牛津大学举办了伊斯兰国际营销与品牌（利剑）研讨会。牛津经济研究所的 Paul Temporal（2011）在其著作 *Islamic Branding and Marketing: Creating a Global Islamic Business* 中从品牌建设角度运用传统的市场营销理论对进入国际化的清真产业竞争提供了企业战略分析。

(二) 国内研究现状

中国是多民族国家。在 56 个民族中回族、维吾尔族、哈萨克族、柯尔克孜族、乌孜别克族、塔塔尔族、塔吉克族、东乡族、撒拉族、保安族等少数民族信奉伊斯兰教，穆斯林人口超过 2000 万，国内对于清真食品具有很大的需求。对于清真食品产业国内学者的研究主要围绕以下方面：

1. 清真食品的界定及立法规范相关研究

周瑞海（2004）、李自然（2004）、张忠孝（2006）、王超（2008）等学者分别从民族学、法学、经济学等多角度对清真食品的界定以及清真食品管理立法的必要性等方面进行了研究。关于清真食品的界定，无论在学界还是在实际操作环节中的各地规章立法中都有不同的见解，具体有风俗说、宗教说以及民族宗教结合说（李自然，2004）。风俗说，即将清真食品看成符合某些少数民族风俗习惯的食品统称。宗教说，即将清真食品定义为符合伊斯兰教法的食品统称。民族宗教结合说，即通过民俗性和宗教性双重标准来界定。

关于清真食品的界定，从"清真"曾为伊斯兰教的代名词这一点来看，中国所说的清真食品从本质及事实上即为符合伊斯兰教规定的 Halal 食品。林松（2000）、鲍长德（2000）、杨柳（2000）、孙玉安（2003）等均持这一观点。而清真食品在中国与不同的民族融合产生了各自不同的种类及特色。由此可见，清真食品的界定之争并没有本质区别，但各个地方清真食品管理规定的界定不统一，对清真食品产业的发展有不利影响，因此制定全国统一的清真食品管理法案势在必行。

2. 中国清真食品认证制度与国际认证制度接轨的相关研究

李德宽（2008），王茂华、袁松宏（2010），王超（2010）等学者进行了相关研究。这些学者从清真食品市场的国际发展趋势和中国清真食品进入国际清真市场竞争的客观需求对中国清真食品认证制度与国际接轨的迫切性进行了论证。王超（2010）指出，清真食品认证是国际趋势。中国应该引入 VI 视觉识别系统理念建立全国的统一认证标志，同时建立分级认证制度从而完善清真食品的管理，满足清真食品消费及国际贸易的需要。张惠玲（2011）指出，清真食品的发展要遵循现代食品工业的发展趋势，不但要注重对清真食品"清、洁、真、净"的内在品质要求，还要规范化管理，保障清真食品的安全，原材料选择、生产加工的每一道环节都要按照"清真"的特殊要求进行严格控制。

从实践来看，中国首家全国性清真食品认证中心——宁夏回族自治区清真食品国际认证中心于2008年成立，同时在学习国外主流的清真食品认证标准的基础上结合食品工业现代化的需求和自身实际情况，宁夏回族自治区颁布了《宁夏清真食品认证通则》，在通则的制定上，致力于和国际认证标准接轨，从而为宁夏乃至中国清真食品出口以及参与国际清真食品市场竞争和合作奠定基础。由此，宁夏进一步与马来西亚、沙特阿拉伯、埃及、卡塔尔等主要的伊斯兰国家和地区签订了清真食品互认对接协议，为宁夏及全国清真食品打入全球市场拓宽了路径。这一系列举措标志着通过中国清真食品认证体系与国际的接轨，中国的清真食品品牌有望参与到国际清真市场的竞争。

3. 从经济学或管理学角度，运用产业集群及产业竞争力等相关理论对清真食品产业以及地区经济发展关系所做的相关研究

孙玉安（2003）提出，中国传统的清真食品应适应现代社会与世界接轨，将中国传统优良的清真食品打出品牌让世界穆斯林接受。包玉明、刘烈军（2004）对黑龙江省的清真产业基本情况进行分析和调研，提出注重产品创新，当地政府对清真食品企业加以政策扶持以及通过产业化经营模式和扩大产品种类是黑龙江清真食品产业发展的有效手段。王平（2010）从厦门市清真餐饮业角度出发对清真餐饮食品行业的经营现状及存在的主要问题进行分析，就厦门清真餐饮食品行业的发展提出了转变经营观念，提升现代化的企业管理手段，利用清真文化特色资源，打造核心品牌，建立健全清真食品认证制度以及成立行业协会自律管理等发展策略。

在以宁夏为代表的穆斯林聚居区与清真食品相关研究更多。特别是近些年，涌现了一大批专家和学者对于地区性清真产业的发展进行研究。

杨保军（2007）认为，宁夏清真食品产业对周边少数民族地区具有较强的辐射力。宁夏独特的地理环境和"大散居、小聚居"的民族传统文化吸引了大量从事清真食品的企业集中，形成了空间上的聚集，为企业之间的资源共享、生产要素合作提供了基础。宁夏清真食品产业集群是以清真食品产业为主体的，聚集着大量生产清真牛羊肉及制成品的中小企业，集群运行机制初见端倪。进一步指出专业化是宁夏清真食品产业集群营销模式的必然选择。杨保军、高晓勤（2008）指出，产业集群品牌对

于区域经济发展具有重要的战略价值。结合宁夏为回族聚集区的实际状况，大力发展清真食品产业，促进区域品牌和企业品牌的联合是提升宁夏回族自治区经济竞争力的重要途径。夏合群（2009）指出，宁夏回族自治区已形成清真食品、穆斯林用品的良好基础，其中最具比较优势的是清真肉类食品。但由于不重视媒体宣传，缺乏带头的"龙头"企业以及交通等基础设施滞后等因素造成其产业化发展受制约。因此，如何利用自身文化及资源优势加快发展清真产业是亟待解决的问题。杨瑞（2009）依据波特"钻石模型"分析框架，对宁夏清真食品产业进行整体评价，指出宁夏清真食品产业竞争力建立在拥有绝对竞争优势的初级要素之上，由于清真食品具有刚性需求的特点，考虑国内、国际市场的发展潜力，宁夏清真食品产业仍有很大的发展空间。宁夏各级政府的政策支持为其产业竞争力的培育提供了良好的制度环境，同时宁夏清真食品相关产业和支持性产业之间存在着密切的协同效应，并出现了产业集群化的发展趋势，但宁夏清真食品产业竞争主体存在的问题（缺乏龙头企业、企业竞争战略不明晰等）成为制约宁夏清真食品产业竞争力进一步提升的决定性因素。

综上所述，清真食品市场已逐步引起学者的重视。并且通过制定国家统一的清真法规来规范清真食品成为学界的共识。在当前国际的 Halal 认证标准也无统一规范，如何应对现代化食品工业的发展以及国际贸易的客观需求制定出能被国际认可的适合中国国情的清真认证体系和清真食品安全控制体系是学者研究的重点，这也是中国清真食品产业发展的制度条件。学者对清真食品的研究主要着眼于清真食品与民族地区经济的协同性发展，更多地从政府政策扶持及地区的比较优势入手而对清真食品企业以及清真食品消费者的选择行为研究较少。虽然也有少量的研究提出了清真食品产业发展应注重品牌的培育但没有揭示出清真食品品牌如何针对不同的目标顾客（国内清真食品市场与国际清真食品市场、穆斯林消费者与非穆斯林消费者）提供单一利益点，以自身的信誉来弥补消费者不完全信息，从而降低消费者的选择成本实现品牌溢价，这正为本书留下了研究空间。

第五节 研究思路与研究框架

一 研究意义

(一) 现实意义

清真食品产业的规范化发展对保障中国信奉伊斯兰教的少数民族权益有着重大意义,同时其产业的发展可以带动少数民族地区的经济发展从而加强中国各民族的团结与共同富裕;此外,世界穆斯林人口与中国人口总额基本相当(15.7亿),约占世界人口的23%,而食品需求是人类的基本需求,在欧美经济疲软导致我国传统出口贸易项目增长乏力的大环境下,东南亚、阿拉伯国家以及其他境外清真食品市场可以成为我国对外贸易新的增长点。我国的清真食品企业如何通过打造清真食品品牌取得溢价收入而避免重新进入低价格的无序竞争是亟待解决的问题。

(二) 理论意义

目前学界对清真食品的研究主要集中于清真食品认证制度以及国家政策支持方面的研究。本书力图运用选择成本研究范式,以消费者选择为出发点,在当前的清真食品认证制度前提下试图揭示清真食品自身品牌和第三方证明商标之间的互动关系,通过引入顾客感知品牌资产来揭示清真食品企业实现产品溢价的前提条件是什么,以及如何针对不同的目标顾客实现品牌溢价,从而揭示清真食品品牌溢价的内在机制。同时,这一分析范式也可延伸至食品安全以及第三方认证信用相关研究以及一般食品品牌溢价机制。

二 研究方法

本书在国内外已有的相关研究基础上,以品牌经济学为理论基础,从消费者选择入手,结合信息经济学和制度经济学以及消费者行为学的基本理论和民族学、宗教学、社会学相关内容,采用定量和定性相结合、文献资料与实地调研结合的研究方法,力图从新的角度为清真食品产业发展提供思路。

(一) 品牌经济学研究视角

品牌经济学研究范式以过剩经济条件为背景,以消费者选择为核心,揭示了企业由最初的追求规模和产量到注重内涵式发展追求品牌溢价的转变，从选择成本出发，为经济学提供了新的理论和分析方法。本书以清真食品消费者选择出发，通过研究清真食品认证、食品品牌对消费者选择效率以及对消费者感知利益的影响，对清真食品的溢价机制进行系统研究。

（二）文献分析与案例研究

通过阅读大量关于清真食品、消费者行为学、制度经济学、信息经济学以及品牌研究等相关文献，把握这些领域的研究进展和相关方法，确立本书的理论基础和研究视角。同时，查阅了大量有关清真食品管理认证的中外法规资料以及清真食品相关案例，为本书提供事实依据。

（三）问卷调研及统计模型分析法

根据相关理论依据，对清真食品消费者的态度进行调研，获取大量与本书相关的数据，作为实证支持。同时采用了信度分析、主成分效度分析法对调查问卷进行结构检验。采用二分类逻辑回归模型对"清真食品认证认知度"，"清真食品溢价承担意愿"等变量及其影响因子进行回归计量分析。采用结构方程法，对其中的各影响因素进行定量路径定量。

三 研究思路及研究框架

清真食品市场因其具有潜在的增长性而受到各国的重视。由于清真食品本身的特殊性，需要第三方的 Halal 认证，Halal 认证实质上是通过相当于"背书"的形式发放 Halal 认证标识，以自身的信誉来弥补消费者不完全信息，从而降低消费者的选择成本。由于清真食品市场的成长性，不仅仅清真食品企业，其他非清真的一般性食品企业甚至一些国际知名食品企业为了扩大其市场份额或取得高额利润也通过认证形式取得清真食品市场进入资格。因此 Halal 认证并不能确保为企业获取溢价，清真食品市场的竞争依然激烈。基于品牌经济学研究范式，清真食品品牌通过为目标顾客提供情感利益和物质利益，降低消费者选择成本从而扩大其产品的溢价空间，同时也对自身品牌信用度有正面推动作用。

本书共分四个部分。

第一部分包括导论与文献综述。首先通过观察清真食品市场发展的现象明确研究背景并提出问题，然后通过对相关文献的梳理和评述找出研究的理论依据以及存在的研究空间。

第二部分包括清真食品的信任品属性与信息不对称的分析、清真认证的制度演进分析以及清真食品的消费者选择两阶段模型分析和清真食品溢价机制分析这一部分构成了本书的基本理论框架。

第三部分是实证分析。在理论模型建立的基础上,根据不同类型清真食品消费者(穆斯林消费者、非穆斯林消费者)对清真食品及清真认证的态度和行为进行统计样本分析。这一部分内容既对第二部分的理论框架进行验证同时也为第四部分的应对策略提供了事实依据。

第四部分是发展清真食品品牌的策略建议。这一部分根据本书的理论及实证分析,以消费者选择为出发点,从中国清真食品市场的政策环境以及清真食品认证本身的品牌化和食品品牌策略三个方面提出了相应措施,为促进中国清真食品产业的发展提供了建议,如图1-1所示。

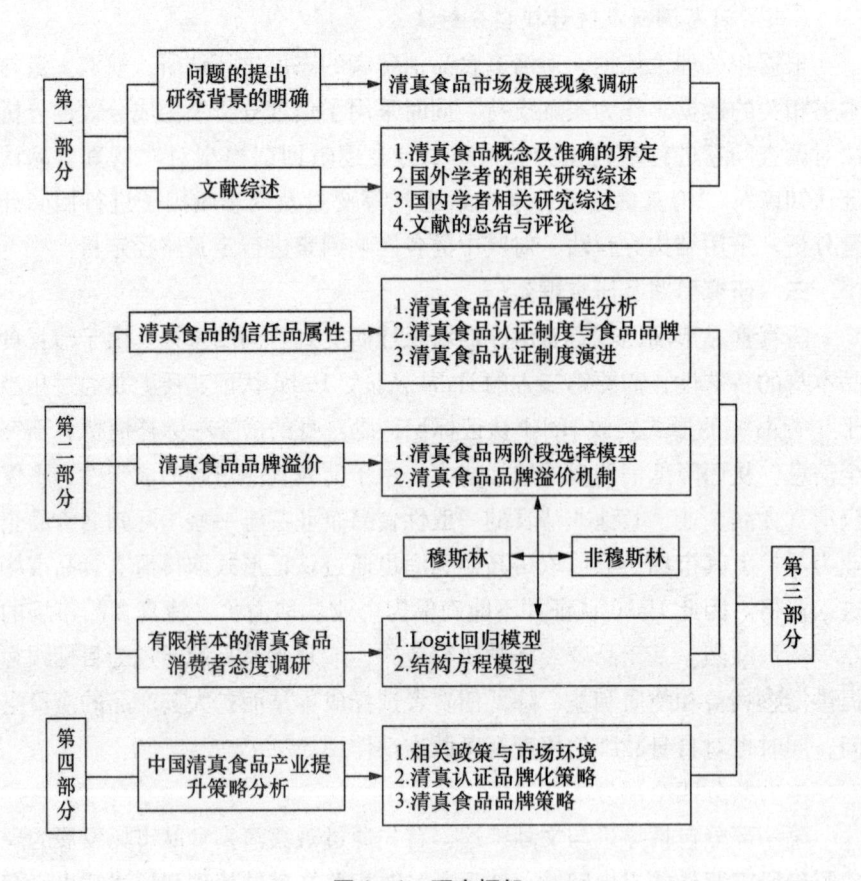

图1-1 研究框架

四 主要创新点

第一,以品牌经济学为理论基础,将"选择成本分析范式"引入清真食品研究领域,这是研究清真食品的新角度。拟通过规范与实证相结合的研究方法，揭示清真企业通过品牌实现产品溢价的内在机制，这在清真食品研究领域中既属于方法创新也属于内容创新。

第二，制度的产生和变迁是"人工选择"的结果，同时现存制度也是市场演化的选择环境。清真食品市场的消费者一方面其购买行为受到现行清真食品认证制度的影响，另一方面消费者选择偏好对外部制度有着进一步推动力。本书拟将新制度经济学相关理论引入清真食品产业发展研究中，不仅仅将清真认证制度作为既定不变的政策环境或仅仅孤立地从宗教、法理的角度研究清真食品管理制度的完善，而以消费者选择为核心，从降低制度费用入手研究清真食品产业发展。

第三，由于宗教信仰及民族风俗习惯，穆斯林对食品有着限定性要求——"清真"。而企业生产的相关信息对于消费者而言是不透明的，为了保护消费者利益，降低穆斯林消费群甄别 Halal 食品的成本，因此需第三方对食品进行认证，即 Halal 认证；而不同的认证机构其认证规则以及各自被市场认可的程度和范围也不尽相同，因此消费者在选择清真食品时面临着认证商标与食品品牌的"双重选择"。本书揭示了 Halal 认证以及产品品牌与不同消费群之间的互动关系。这是研究清真食品产业发展的全新视角，也是本书的主要创新点。

第四，采用二分类逻辑回归模型对不同类型消费者态度的统计数据逐一验证，并用结构方程法，寻找不同纬度之间的路径关联，突破了以往清真食品相关研究仅从产业发展和监管制度的定性研究的局限。

第二章　清真食品的信任品属性与信息不对称

第一节　清真食品的内在规定

一　"清真"与伊斯兰教

"清真"一词在中国本不属于伊斯兰教专用名词。"清"指自然无杂物，与"浊"相对。而"真"有本性、本原的含义，又指与客观事实相符，与"伪"相对。"清真"一词则有"纯真质朴，幽静高雅"的含义。唐朝诗人李白最早将"清真"一词大量用于诗句中。如"圣代复元古，垂衣贵清真"（《古风五十九首》第一首）；"所愿得此道，终然保清真"（《避地司空原言怀》）；"右军本清真，潇洒在风尘"（《王右军》）；"还家守清真，孤洁励秋蝉"（《留别广陵诸公》）；以及"俄成万里别，立德贵清真"（《南陵五松山别荀》），等等。[①] 在李白的诗词中，"清真"的含义为自然、不受约束以及回归本性；这正与李白的诗歌审美十分相宜，因此李白的诗风也被称为"清真诗风"。自此，唐宋诗人多喜以"清真"二字入诗词，宋朝词人周邦彦将自己的作品集称为《清真词》。而"清真"二字的古朴自然、本我、品质高洁清修，又与宗教思想十分接近。李白的"清真诗风"其思想内涵也来源于中国本土宗教——道教思想，早期人们也常称道教的宗教活动场所为"清真观"。而后"清真"一词又延伸至传入中国的外来宗教，如景教、犹太教、明教（原波斯摩尼教）、佛教等都有使用"清真"一词的记载。佛教中有"传闻净刹甚清真（阿弥陀佛）"、"我常自叹苦精勤，希闻无上法清真"等经文。随着伊斯兰教的传

---

① 梁森：《李白"清真"诗风探源》，《中州学刊》2005 年第 5 期。

入,一些回族儒学家如王岱舆等取其"纯洁无染之谓清,诚一不二之谓真"①的含义作为对伊斯兰教的内在精神的概括,南京净觉寺②中就有一块明太祖题词的《至圣百字赞》御碑,其中就有"教名清真"一语。明正统十二年至十三年(1447—1448)北京东四清真寺建成,根据明朝景泰年间(1450—1457)陈循撰《敕赐清真寺兴造碑记》中记载:"清真寺初名礼拜寺……寺成,蒙恩赐额曰清真寺。"至明清后"清真"一词在中国逐步成为对伊斯兰教的专有代称,人们用"清真教"代称"伊斯兰教",而相应的受伊斯兰教法规定影响的饮食也在中国被统称为"清真食品"。

二 清真食品的概念

清真食品属于食品大类。根据 2009 年颁布的《中华人民共和国食品安全法》第十章附则中第九十五条对"食品"定义如下:"食品,指用于人食用或者饮用的经加工或者未经加工的物质,包括饮料、口香糖和已经添加、残留于食品中的物质,但不包括只作为药品使用的物质。"而"清真食品"则是食品中的特殊种类。

所谓清真食品,简单地讲即为符合伊斯兰教"Halal"(حلال)标准的食品。其基本准则来源于伊斯兰教根据《古兰经》及《圣训》对食品的特殊规定。在清真食品的内部规定中,明确规定了什么食品是可以食用的,以及什么食品是不可以食用的。从这一点来看中国的"清真食品"与国际上所说的"Halal 食品"是一致的。

"Halal"来自于阿拉伯语,其含义是"合法的"、"法理所允许的";而所谓的"法"就是伊斯兰教法——主要依据《古兰经》以及《圣训》。清真食品核心理念就是"合法,佳美"。其中,可以食用的主要包括牛、羊、骆驼、鹿等食草反刍类动物,以及鸡、鸭、鹅、鸽子等非凶狠的禽类。这些都需要按照伊斯兰教法规定的方式处理,同时海生动物也是可以

---

① 明末清初王岱舆说:"纯洁无染之谓清,诚一不二之谓真。"又说:"夫清真之本,乃遵命而认化生之主。"
② 净觉寺又名三山街礼拜寺,是南京现存最早的清真寺。明洪武年间(1368—1399)敕建,不久被焚毁,宣德五年(1430)回族著名航海家郑和准备第六次下西洋的前夕,明宣宗特准郑和的奏请,动用国库资金重建。

食用的。①

而与此相反就是穆斯林禁止食用的食品，与 Halal 食品相反的食品则为"Haram"，也就是"不合法、禁止的食物"。其中主要包括污秽的食物、自死的食物、血液、猪肉以及不是按伊斯兰教义宰杀的动物等，同时饮酒也是禁止的，还有有毒和凶猛的飞禽和野兽也在被禁止之列。②

表 2-1　　　　　　　　清真食品（Halal 食品）规定

清真食品	非清真食品
牲畜：按伊斯兰教法屠宰的非自死的反刍类有四蹄、蹄分两半、性情驯善的可食。如牛、羊、骆驼、鹿等；	污秽以及凶猛丑恶的动物（包括飞禽和野兽）如猪、狗、猫、虎、豹、狼、狮、鼠、蛇、驴、马、骡、狗、猴、熊、象以及老鹰、枭、鸢、秃鹫、乌鸦、喜鹊、啄木鸟等
禽类：按伊斯兰教法屠宰的非自死的食谷物、有嗉子、似鸡嘴温顺的可以吃。如鸡、鸭、鹅、鹌鹑、鸽子、麻雀、大雁等；	自死的动物；
水生动物：大部分的身上有鳞，脊上有刺，有头尾的鱼类如鲤鱼、鲢鱼、鲫鱼、草鱼、黄花鱼、带鱼以及虾、贝类、螃蟹等	血液；没有按伊斯兰教义宰杀的动物（牲畜、禽类）；所有有毒的食品

资料来源：笔者整理。

从表 2-1 中可以看出，伊斯兰教法除了对清真（Halal）食品的成分有明确规定外，对食品的处理方式（屠宰方式）也有规定：必须是有天

---

① "众人啊！你们可以吃大地上所有合法而且佳美的食物。"（《古兰经》2：168）
"他们问你准许他们吃什么，你说：'准许你们吃一切佳美的食物，你们曾遵真主的教诲，而加以训练的鹰犬等所为你们捕获的动物，也是可以吃的；你们放纵鹰犬的时候，当诵真主之名，并当敬畏真主。真主确是清算神速的。'今天，准许你们吃一切佳美的食物；曾受天经者的食物，对于你们是合法的；你们的食物，对于他们也是合法的。"（《古兰经》5：4—5）
"准许他们吃佳美的食物，禁戒他们吃污秽的食物。"（《古兰经》7：157）

② "禁止你们吃自死物、血液、猪肉以及诵非真主之名而宰杀的、勒死的、捶死的、跌死的、抵死的、野兽吃剩的动物，但宰后才死的仍可吃；禁止你们吃在神石上宰杀的。"（《古兰经》5：3）
"你说：'在我所受的启示里，我不能发现任何人所不得吃的食物；除非是自死物，或流出的血液，或猪肉——因为它们确是不洁的——或是诵非真主之名而宰的犯罪物。'凡为势所迫，非出自愿，且不过分的人（虽吃禁物，毫无罪过），因为你的主确是至赦的，确是至慈的。"（《古兰经》6：145）
"信道的人们啊！饮酒、赌博、拜像、求签，只是一种秽行，只是恶魔的行为，故当远离，以便你们成功。"（《古兰经》5：90）

经者，口诵真主之名，宰喉部，使动物少受痛苦，将动物的血放干净。

1996年联合国粮农组织（Food and Agriculture Organization of the United Nations，FAO）和世界卫生组织（World Health Organization，WHO）共同举办的第24届食品标签法典委员会会议在其所通过的《清真术语指南（草案）》规范了清真食品的概念，"清真食品意为被伊斯兰法律许可并且不含有或者没有不符合伊斯兰教法律的物质组成；没有被不符合伊斯兰法规规定的用具或设施处理、加工、运输和储存过；在处理、加工、运输和储存中，没有接触过不满足以上条件的食品"。而在《宁夏清真食品认证规则（通则）》里，则载明"清真食品（HALAL FOOD）是指伊斯兰教法许可的供人食用或饮用的成品和原料，以及传统的既是食品又是药品的物品（但不包括以治疗为目的的物品）"。

这些文件和法规虽然表述方法略有不同，但基本内涵类似，同时都明确指出清真食品概念的限定性规则，主要包括两个层次的内容：

（1）组成成分标准：清真食品的取材标准是以伊斯兰教经典为准则；

（2）处理方式标准：清真食品对食品的处理方式有严格规定。

第二节 清真食品的信任品属性

一 信任品与食品安全

对于信任品的研究始于产业组织理论。Darby、Karni（1973）以Nelson（1970）的研究为基础，根据商品买卖双方在质量信息上的不对称程度，将商品的质量特性划分为三类：搜索质量（search qualities）、体验质量（experience qualities）与信任质量（credence qualities）。其中，搜索质量是指消费者在购买前就可以明确获取的质量信息；体验质量是指消费者在消费前虽无法准确获得但在消费后可以获取的质量信息；而信任质量是指即使在消费后消费者依然很难获取的质量信息。而后的研究者又根据这几种质量特征将商品依据各自属性归属划分为搜索品、体验品和信任品，然而一般商品都很难以此做简单的分类，大多会同时具备几个特性。

早期关于信任品的研究主要集中在服务业中，比如医疗的专家服务以及维修服务等。其中，Pitchik和Schotter（1987）研究了消费者在信任品特征的维修服务中所受到欺诈及信息传递的相关问题及市场均衡。而随着食品安全问题的频频曝出,很多学者又将信任品的特征延伸至食品安全领域。Caswell 和 Modjuzska(1996)指出了食品的信任品特征,并提出改善这一问题应通过食品标签制度来解决消费者信息不对称的问题。Elise Golan 等(2004)指出食品的信任属性(credence attributes)可以分为成分属性(content attributes)和过程属性(process attributes)。其中,成分属性消费者不易察觉,通常需要先进的检验器材。但影响物理属性(如食品成分中的营养组成、食品添加剂等)。而过程属性相比成分属性而言更不易被察觉。比如是否保护动物福利,是否存在公平贸易等。除了国外学者对于食品质量与安全的信任品特征的研究外,国内的学者也就这一问题进行了研究。周洁红、黄祖辉(2003)提出,根据食品安全的信任品属性可以设计出适合的信息传递机制使其转换为搜索品,从而解决信息不对称问题。李想(2011)讨论了如何通过食品的重复购买,从而达到市场均衡的相关条件。

根据食品的特征可以绘制表 2-2,从中可以看出,食品具有搜索品、体验品以及信任品的综合特性,而其中,消费者最为关心的食品的质量与安全属于信任品特征。

表 2-2　　　　　　　　　　　食品属性特征

搜索质量特征	食品的外在特征:形状、色泽、重量、大小
体验质量特征	食品的口感与风味
信任质量特征	食品的质量与安全(成分属性、过程属性)

资料来源:根据文献资料整理。

二　清真食品的信任品属性

根据前面对清真食品的定义不难看出,清真食品属于食品大类。因此,一般食品质量与安全相关的信任品属性清真食品同样是具备的。同时,清真食品又是食品中的特殊种类。对于清真食品而言,除去一般性的食品安全,还包括是否"清真"这一安全问题,也就是是否符合伊斯兰教法的内在规定。从这一点而言,清真食品较一般性食品其信任品的特性更加突出。消费者无法感知和判断食品的清真属性,与一般的食品安全相比更具有不可验证性(食品安全出现问题可能引发健康受损,而清真食品含有非允许元素很难由自身判别)。从清真食品的组成成分判别来看,目前在终端最严格的清真食品检测方法是"脱氧核糖核酸检测（DNA 检测）"，而这种方法只能依靠专业的检测机构，对一般消费者而言获取食品质量信息成本过高。同时，食品的"清真"属性不仅仅体现在食品成分，还包括食品的生产处理程序以及流通环节，而即使依靠现在最可靠的 DNA 检测法也只能检测食品的成分不含有非清真元素，依然不能解决屠宰方式等过程性属性"合法"的判别。因此，清真食品消费者如果想凭借自身确定其清真可靠性，就需要跟踪清真食品生产流通的整个环节和过程。由此可见，对于清真食品质量特征信息的获取是需要很高成本的，甚至仅仅凭借消费者自身是无法判别的，因此清真食品与一般食品相比更具备过程属性（process attribute），在这一点上属于完全的信任品特征。

第三节 清真食品的信任品属性与市场失灵

一 清真食品的信任品特征与市场失灵

信任品特征从根本上就源于生产者与消费者之间的信息不对称（asymmetric information），即生产者掌握食品的全部信息，而消费者很难取得完全信息。以清真食品而言，清真食品是否"合法"（Halal），是否安全、健康，这些相关质量信息，消费者很难获取。根据阿克尔洛夫（1970）及以后信息经济学相关学者研究认为，市场并不是完美无缺的，价格不能完全合理地配置资源，买卖双方的信息不对称，资本的逐利性，容易使得获取完全信息方引发道德风险，而获取信息的不完全方为了避免这一风险反而会采取"逆向选择"的行动，最终导致市场中的"劣币驱逐良币"（低质量的产品充斥市场而高质量产品逐步消失）现象从而致使买卖双方的利益双重受损。

假设清真食品市场上有提供两种不同质量食品的卖家 A 与卖家 B。其中，卖家 A 所提供的食品属于高质量的符合清真食品内部规范的产品，而卖家 B 则提供的是低质量的不符合清真食品内部规范的产品。由于清真食品的信任品特征，假定食品的外观及其他可验证性质量信息相同（即消费者在消费前，消费中甚至消费后均无法辨别），同时清真食品市场没有外部监督和管理，仅有卖家自己了解其食品实际全部质量信息，消费者仅知道市场上不同质量食品的分布概率。

假设清真食品市场的消费者对清真食品的质量要求是均一化的，同时假定清真食品消费者均为穆斯林群体，则其对标准化的高质量符合清真食品内部特征的食品的单位支付意愿为 W，而对于不符合清真食品内部规范的食品则选择不购买，也就是支付意愿为 0。其支付意愿方程如下：

$$W = \begin{cases} \theta & if Q = H \\ 0 & if Q = L \end{cases} \quad (2.1)$$

其中，Q 代表食品质量，符合清真食品规定的食品标识为 H。也就是合法合规的"Halal 食品"，而相反，低质量不符合清真食品内部规定的食品其质量为 L。作为穆斯林，根据《古兰经》的规定，穆斯林只食用"合法、佳美"的食品，因此只有对质量符合标准的食品才有购买意愿，而对不符合清真食品质量标准的食品则购买意愿为 0。

同时，生产不同质量食品的卖家其生产成本也不同。其中，生产"合法、合规"的清真食品的生产厂家生产单位商品其成本为 C_H，而生产不合格的清真食品的生产厂商其单位商品成本为 C_L，由于清真食品对清真食品的食材、处理方式都有非常严格的监控和规定，因此，生产合法合规的清真食品的生产成本大于生产不合格的低质量食品的生产成本：

$$C_H > C_L > 0$$

同时进一步假定清真食品的消费者是风险中性的，由于清真食品天然的信任品属性特征，因此无法判别市场上的食品哪些属于高质量的合格的清真食品，但消费者可以知道高质量的清真食品在市场的分布概率为 α，$\alpha \in [0, 1]$，不合格的食品分布概率为 $1-\alpha$，则消费者对清真食品市场上的单位产品其支付意愿为：

$$E(W) = \alpha\theta + (1-\alpha) \times 0 = \alpha\theta \quad (2.2)$$

根据消费者的支付价格，计算提供不同质量食品厂商的利润，其单位利润为单位产品减去单位成本。其中，生产高质量合格的清真食品厂商单位商品利润为：

$$\pi_H = \alpha\theta - C_H$$

而生产不合格的低质量食品的生产厂商利润为：

$$\pi_L = \alpha\theta - C_L$$

已知 $C_H > C_L$，因此：

$$\pi_L - \pi_H = (\alpha\theta - C_L) - (\alpha\theta - C_H) = C_H - C_L > 0$$

由此可见，由于清真食品的信任品属性，消费者无法分辨出高质量清真食品和不合格的食品之间的分别，存在信息不对称，消费者为了规避风险，降低食品支付价格，以统一低价格购买商品，则市场失灵，高质量的产品不能获取高的价格；相反，低质量的食品提供者则可以获取超额利润。这不符合市场激励，一方面损害了清真食品消费者的利益，另一方面打击了提供高质量食品的生产厂商的生产积极性。根据经济人理性厂商利润最大化原则，低质量的食品生产厂商会更加降低生产成本获取更高额利润，而高质量食品生产厂商也会为了追逐利润而降低生产成本从而导致降低食品质量，无限接近提供不合格食品的生产厂商。特别地，当

$$\pi_H = \alpha\theta - C_H < 0 \tag{2.3}$$

也就是说，高质量合格的清真食品生产厂商其生产成本低于消费者支付价格时，则高质量清真食品生产厂商利润 $\pi_H < 0$，由以上分析得出基于食品的信任品属性，由于供需双方的信息不一致，从自身利益最大化的出发点，消费者在信息不确定的情况下出于规避风险对市场提供的食品进行价值评估，其结果是价格并不能成为质量显示信号，高质量食品并不能获取高价格，而最终是劣质食品生产厂商获益实现了销售，优质商品生产厂商由于消费者评估价格低于其成本而退出市场，从而"劣币驱逐良币"，消费者利益受损，市场资源获得浪费，总体社会福利水平下降。

而这一现象会在清真食品市场上由于其特殊属性而表现更加突出。在现实中，严格地讲穆斯林消费者对非"清真"食品的效用评价是（ $-\infty$，0），在食品质量无法确定的时候会选择不购买食品。

综上所述，由于清真食品内在的信任品属性，在信息不对称下价格无法完成对市场资源的合理配置，相反最终的结果是价格扭曲，买卖双方受损。因此需要从另外的角度找到合理的方式，鼓励市场的正向竞争，保护清真食品消费者利益获取优质合格的清真食品。

二 清真食品市场信息不对称解决途径

清真食品市场的市场失灵，根本而言是由于清真食品天然的信任品属性，从而造成的消费者与生产者之间的信息不对称。也就是说，消费者无法了解清真食品的所有质量信息。从上面的抽象模型分析可以看出，由于价格失灵，从而导致清真食品消费者对清真食品市场的产品整体评价下降，并引发逆向选择问题，一方面鼓励了生产者提供低质量的食品的欺诈行为；另一方面会将高质量的生产厂商驱逐出市场。因此要根本解决这一问题首先要解决食品质量的信号显示问题。而根据信息经济学理论，解决

信息不对称所采取的方式有两种：信号传递与信息甄别。其中，信号传递是信息优势方，通过某种外在显示的信号，将自身的质量水平传递给消费者，从而使消费者可以根据这些外部信号来判断产品属性，采取相应行动。具体到清真食品上，其清真食品的标签制度就属于外部信号。根据对信任品的研究，很多学者认为，商品标签制度能够起到一定的信号传递作用。Grossman 在他的展开模型（unfolding model）中证明，消费者通过企业声誉机制、消费者之间的信息共享等方式以及政府强制性信息披露等措施来促进信息的有效传递，从而减轻食品市场消费者对于食品质量信息的匮乏。具体到清真食品上而言，引入外部监管机制并通过清真食品认证制度以及清真食品生产经营企业利益品牌的声誉机制都可以起到质量信号的传递作用。以下分别通过数理模型进行讨论。

（一）基于清真食品认证的贝叶斯均衡理论框架

根据前面的分析，在无外部监管条件下，清真食品由于自身信任品特征，消费者和生产者之间信息不对称，由此引发价格机制失灵。价格对于合格的高质量清真食品生产厂商没有正向激励，相反，根据理性经济人假设，生产厂商为了获取利润，反而会降低生产成本，提供不合格的食品。而解决这一问题的办法，就是从信息显示入手。而食品标签制度以及食品市场的外部监督管理被认为是解决食品信任品特征所引发问题的有效手段。因此，在下面的模型中，引入外部的监督管理和惩罚机制，同时，引入标签制度作为信号，也就是"清真标识"来明确标记食品的类别。

在信息不对称情况下，信息经济学广泛地应用了信号博弈。Akerlof（1970）以二手车的卖家，Spence（1973）以不同能力的工人等为范例建构相应模型，其理论框架如下：有两个个体序贯地行动，也就是拥有私人信息的一方（如知道自己商品实际质量的卖方，或者具有不同能力的工人），以及信息劣势的另一方（潜在的感兴趣的买家，或者是雇主）。首先，信息优势一方选择一个行动（出价，或者是一个确切的教育水平），这个行动本身可以被信息劣势的一方完全观察到。而后，信息劣势方根据观察，会间接地推断出其所不知道的潜在的信息（知识），并根据这一信息，信息劣势方选择出自己的行动并完成博弈，这也就是序贯博弈，同时这一信号博弈可以模型化成为一个贝叶斯均衡。参与人2（清真食品消费者）根据其获取的信号信息相机抉择。

根据上述基本框架，结合清真食品市场实际状况构建出清真食品市场的序贯博弈。其序贯博弈基本框架,如图 2-1 所示。

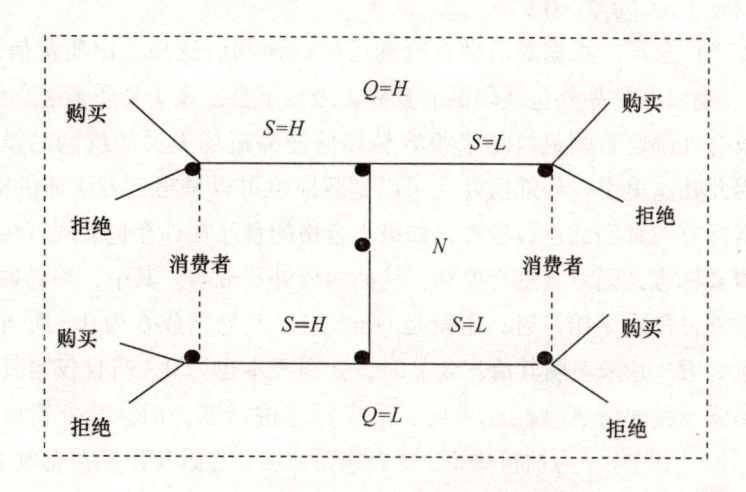

图 2-1 清真食品市场序贯博弈示意图

首先,在博弈中引入第三参与人 $N=$ 自然。自然根据相应的分布概率随机选择出食品生产厂商的类型。在这里以其生产的产品质量加以区分。则 $q_i \in Q$, $Q = \{q_1 = H, q_2 = L\}$。其中,分布概率为公共知识,也就是消费者自身也知晓分布情况。同时,作为参与者 1 的食品生产厂商本身知道自己的准确类型。换句话说,就是知道自然 N 的选择,而这一类型消费者不了解,必须通过其发出的信号来推断。

其次,当食品生产厂商被自然 N 告知了类型后,其作为参与人 1 采取行动,发送一个具体的信号 $s_j(j=1, 2)$, $s_j \in S$, $S = \{s_1 = S_H, s_2 = S_L\}$。这一信号就是清真食品标识。也就是生产厂商以清真食品标识作为发出的信号。S_H 代表其生产的产品外包装印制有清真标识,而 S_L 代表其生产的食品外包装未印制清真标识。这一信号可以准确地被清真食品消费者,也就是参与人 2 接收并观察到。

最后,消费者在观察到生产厂商发出的质量信号后,在其有限行动集 A 中,选择一具体行动 $a_i(i=1, 2)$ 回应 $a_i \in A$, $A = \{a_1 = $ 购买 $a_2 = $ 拒绝$\}$,信号博弈结束。

在构建了基本序贯流程后,还需要对生产厂商和消费者的收益做进一步假设。对于不同质量食品的生产厂商而言,其生产成本 $C(q)$ 也是不同的。其中,生产高质量符合清真食品内部规范的食品其单位成本由于需要

优质的原材料和严格的生产流程，其成本也高，即

$C(q_H) > C(q_L) > 0$

生产厂家可以根据对消费者行动反应的预测而选择发出质量信号 S。已知 S_H 是以在食品外包装印制清真标识来显示自己属于高质量清真食品。如果没有外部监管则最终结果很容易和信任品市场失灵的机制的模型一致，因此在这里引入外部监管（可以是政府也可以是第三方认证机构等）对清真标志的真实性进行检查，如果不合格的食品在外在包装或宣传上采用了清真标志，则对其进行处罚，从而构成处罚成本。其中，当其内部质量与对外宣称质量相符时，也就是 $Q=S$ 时，其处罚成本为 0，而当其实际质量为 H，并未表明其清真食品时，处罚成本也为 0。当且仅当其实际质量是低质量非清真食品而采用了清真标志进行欺诈时，其处罚成本为 $C(r)=rd$，其中，r 为抽检概率，d 为惩罚力度，在这里以惩罚金额表示。

$$C(r)=\begin{cases}0 & q_i=H \ or \ i=L \ and \ S_j, j=L \\ rd & q_i=L \ and \ S_j, j=H\end{cases} \text{其中} 1\geq r\geq 0, d\geq 0$$

对于消费者而言，由于是序贯性博弈，因此其行动取决于厂商所发出的信号所作出的决策。其行动规则受到以下假设限定：

(1) 消费者购买到高质量的符合清真食品规定的商品为正效用；

(2) 作为穆斯林消费者认为商品属于非清真食品则拒绝购买，其效用为 0；

(3) 穆斯林消费者购买了非清真食品，其效用为负效用。

而生产厂商的收益则等于获取的利润。其利润的实现，取决于消费者最终的购买决策，即 $\pi(c,a)$，消费者的效用则取决于其消费行为以及食品生产厂商的真实质量，即 $U(a,q)$。

以下做具体分析：

当自然选择了合格的清真食品生产厂商后，根据经济人理性可以判别其行动策略：

行动策略 1：$Q=S$，其收益为：$\pi=P_H-C_H$

行动策略 2：$Q=H, S=L$，消费者选择不购买；其收益为：$\pi=0-C_H=-C_H$

按照理性经济人判定，生产厂商会选择行动策略 1，其收益为：P_H-C_H

当自然选择的是不合格的食品生产厂商时，同样有两种结果。选择真

实标注或欺诈性标注。如果选择真实标注，则消费者选择不购买；若选择非真实标注，则消费者

行动策略 1：$Q = L$，$S = L$ 其收益为：$\pi = 0 - C_H = - C_H$

行动策略 2：$Q = L$，$S = H$ 即采用欺诈性标识时为：$\pi = P_H - (C_L + rd)$

而对于消费者，基于前面的假设，只有购买到高质量的清真食品才能获取正的效用。因此从保证清真食品质量安全以及保障清真食品消费者利益的角度来看需要分析此序贯博弈中"说真话的机制"——分离均衡存在的条件。分离均衡就是，在信号传递过程中，确保每个类型的生产厂商均选择与自己实际产品质量相符的标志。换句话说，生产优质合格的清真食品厂商都选择清真食品标志，而生产低质量的不符合清真食品标志的厂商不标注清真标志，在此机制中，厂商和消费者均获取其收益最大化。根据策略及限定条件可以得出：

(1) 对于高质量合格的清真食品生产厂商而言，其分离均衡达成的条件为：

$$\pi[C(H), a_1] > \pi[C(H), a_2] \tag{2.4}$$
$$(P_H - C_H - 0) - (0 - C_H - 0) = P_H > 0$$

恒成立。

(2) 而低质量的不符合清真要求的食品生产厂商其分离均衡则要求不能以清真标识来欺诈消费者，则其成立条件为

$$\pi[C(L), a_2] > \pi[C(L), C(r), a_1] \tag{2.5}$$
$$0 - (C_L) - [P_H - (C_L - rd)] = rd - (P_H + C_L) > 0$$

分析式 (2.4)、式 (2.5) 可以看出，规范食品生产厂商行为的关键在于清真食品外部监管的抽检频率和惩罚力度，当生产低质量不符合清真要求的食品生产厂商所面临的惩罚风险大于生产厂商欺诈行为可以获取的利润后，分离均衡成立。

相反，当 $rd - (P_H + C_L) < 0$ 时，均衡分离变成了混合均衡。也就是不符合清真食品要求生产厂商由于违规成本低而选择与高质量合格清真食品生产厂商发送相同的质量信号——"清真标识"，这样的最终后果是，清真食品质量信号失灵，消费者利益受损。

(二) 清真食品市场引入品牌声誉模型的动态博弈分析

清真食品市场除了通过"清真标识"来提供其内在的清真食品属性

质量特征外,还可以通过其长期建立的清真食品品牌声誉为消费者发出信号。下面引入清真食品声誉模型的动态博弈加以分析。

为了简化分析,假定其为最简单的两期声誉模型,从中观察清真食品市场动态博弈过程和结果。同样的,我们假定清真食品市场上有生产合格的清真食品的厂商与生产不符合清真食品内在规定的厂商。其中,生产真实的清真食品的厂商其生产成本为 C_H,非清真食品的厂商为 C_L,且 $C_H > C_L > 0$。

假定清真食品的消费者均为穆斯林消费者,其支付意愿为 W

$$W = \begin{cases} \theta & if Q = H \\ 0 & if Q = L \end{cases} \quad (2.6)$$

其含义为,穆斯林消费者对合格的高质量清真食品的单位最高支付价格为 θ,而对于不符合《古兰经》规定的食品则消费意愿为 0,其显示的意愿支付价格也为 0。消费者不知晓清真食品市场上食品的实际质量,所有生产厂商均宣称企业所生产的产品为合格的清真食品。消费者不知道其具体类型,但知道市场上的质量分布。其中,合格的清真食品概率为 α,$\alpha \in [0, 1]$,不合格的清真食品概率为 $1 - \alpha$。同时,在模型中引入市场的外部监管,其可以是政府机构也可以是社会其他的中介机构检测,其抽检概率为 t,$t \in [0, 1]$。

由于清真食品消费者可接受的最高单位支付价格为 θ,则根据概率分布,其期望价格为 $\alpha\theta$。

在第一期,生产合格清真产品厂商的利润为 $\alpha\theta - C_H$,而生产不合格清真食品的厂商利润为 $\alpha\theta - C_L$。

假设存在外部监管机构对市场上所出售的清真食品进行抽检,而每次抽检结果会影响到消费者的消费信心以及对下期清真食品合格率 β 的判断:

$$\beta = \frac{\alpha}{\alpha + (1-\alpha)(1-t)} \quad (2.7)$$

此时对第二期的价格预期也发生变化:

$P_2 = \beta\theta$

假定人们对时间的偏好率为 e,则贴现因子:

$$r = \frac{1}{1+e}$$

则生产合格清真食品的厂商的两期生产利润在考虑贴现因子的情况

下为：

$$\pi_1 = (\alpha\theta - C_H) + r(\beta\theta - C_H) \tag{2.8}$$

生产不合格清真食品的厂商两期利润（π_2）受到市场外部监管行为的影响（生产不合格清真食品厂家的产品），如果第一期被查出，则第二期消费者启动惩罚程序，即消费者选择不再购买该厂家商品，若第一期逃脱抽检，则其产品进入第二期的消费者选择。根据被检测概率分布，得：

$$\begin{aligned}\pi_2 &= t(\alpha\theta - C_L) + (1-t)(\alpha\theta - C_L) + r(1-t)(\beta\theta - C_L) \\ &= \alpha\theta - C_L + r(1-t)(\beta\theta - C_L)\end{aligned} \tag{2.9}$$

从式（2.9）可以看出，生产合格清真食品的厂商利润与消费者预期或者与整体市场合格产品的分布相关，合格产品比例高则利润增加；而生产不合格清真食品厂商的利润与外部监督因子 t 即抽检力度正相关。

若令 $\pi_2 < \pi_1$，则意味着市场是正向激励的，也就是不合格清真食品生产厂商的利润低于合格清真食品生产厂商利润，根据经济人假设，当不合格生产厂商欺诈行为收益低于诚实经营收益，则不合格厂商会转为合格食品的生产厂商：

$$\alpha\theta - C_L + r(1-t)(\beta - C_L) < (\alpha\theta - C_H) + r(\beta\theta - C_H)$$

经整理得：

$$(1+r)(C_H - C_L) < rt(P_2 - C_L) \tag{2.10}$$

从式（2.10）中可以看出，不等号左边为合格清真食品厂商的生产成本和不合格清真厂商清真食品成本之间的折现，而不等式右边则为不合格清真食品厂商被抽检到后所要损失的机会成本的现值。由此可见，食品生产厂商对于自身行为的规范，主要是源自对其欺诈行为所节约的生产成本与其被市场检验出受到惩罚的机会成本之间的衡量，当生产厂商由于违规而造成损失的机会成本越大（也就是受到外部机构惩罚的概率越高），则不等式成立可能性大。同时，厂家行为选择和抽检率密切相关，当抽检率 $t = 0$ 时则为：

$$(1+r)(C_H - C_L) < 0 \tag{2.11}$$

根据前面假设，式（2.11）不成立。这说明在清真食品市场无外部监督体系（政府监管、第三方认证机构检测以及其他质量信息披露）情况下，又回到了最初的"劣币驱逐良币"的信任品市场扭曲的状态。

同时从清真食品市场两期的动态声誉模型中还可以看出，随着时间推移，有欺诈行为的食品生产厂商被发现的可能性会增加，因而只有着眼于长期利益的企业其提供高质量产品的动力才越强,同时,其积累的"声誉"信号就更有说服力,这也正是清真食品生产企业注重其产品品牌声誉的动力。消费者在长期购买中,对企业品牌信誉更为看重,将其视作产品质量的信号而影响其最终购买行为。

综上所述不难看出,清真食品解决其天然的信任品属性问题,保障生产企业和消费者正当权益的解决途径就是进行其质量信号可靠传递。而无论是理论还是实践都证明,多层次的外部监督和管理、清真食品认证制度的建立和健全以及清真食品经营企业产品品牌的长期打造是解决这一问题的重要手段。下面的章节将围绕这一问题,依次从清真食品认证制度以及清真食品品牌策略相关问题做进一步分析。

第三章 清真食品认证制度的产生与发展

清真食品内在的信任品属性使得消费者与生产者之间产生信息不对称问题，由此产生了市场失灵。由此需要相应的制度安排，以弥补消费者与生产者之间的信息鸿沟，使得清真食品在市场上能够真实地反映其内在实际质量信息，从而确保消费者与厂商双方的正当权益。这是清真食品内在信任品特性的要求。

第一节 清真食品认证制度的形成与发展

清真食品认证制度是随着商品经济发展而发展的，与社会分工进一步细化以及食品工业化的发展和国际贸易繁荣息息相关，其制度演化基本经历了以下三个阶段。

一 清真食品供应方自发对消费者进行"信号传递"

从清真食品的特性分析不难看出，清真食品对于穆斯林人群而言是生活必需品，甚至是虔诚穆斯林的义务：穆斯林只食用清真食品，不食用可疑食品。而对清真的"合法性"规定不仅仅包括了成分组成，还包括了处理方式（如屠宰）等的过程性规定。现实生活中，穆斯林消费者不能达到所有食品的完全自给自足，依然有部分需要在市场购买。在这种情况下，特别是穆斯林和非穆斯林混居的地方，一些专门从事清真食品生产销售的商人就需要用某种方式打消消费者的疑虑，起到"信号传递"的功能，从而使交易顺利达成。

以中国为例，自隋唐以来，西域客商以及使臣分别通过"海上丝绸之路"以及"陆上丝绸之路"等纷纷来到中国，并慢慢在各个港口，如广州、泉州以及当时中国的经济中心如南京、西安、开封等地落户。这些来往客商和使臣的到来向中国输入了伊斯兰教，同时也在中国定居，由此在与中国各族交往中逐步形成了新的民族，如回族、撒拉族等。在这一民族融合的过程中，由于穆斯林日常饮食有内在严格的规定和"禁忌性"，为了解决自身饮食问题，定居人群很大比重有从事食品餐饮行业，为来往阿拉伯客商以及当地穆斯林提供食品。为了与其他食品相区别，使穆斯林能够方便放心食用，起初一些商人在店面放置具有穆斯林特色的物品——汤瓶①，以此来表明身份方便来往就餐的穆斯林消费者特别是过往商旅。久而久之，这些商人又以汤瓶图案、汉文与阿文的清真言制作成木质牌匾悬挂，逐步成为被人们广泛接受的"清真牌"；除此之外，为了更清晰表明身份和让穆斯林消费者更容易辨别，使得清真标识更为醒目和显著，从事清真食品和餐饮的商人还多采用穆斯林比较喜欢的蓝色和绿色使用在外部装饰和招牌长幡上，逐步被人们广泛接受并成为约定俗成的标志。在今天，中国穆斯林相对集中的一些地方，依然以蓝色长幡作为清真餐饮的招牌与红色长幡的汉餐做直观的外在区分。

从经济学的角度来考量，这些极具穆斯林特色的颜色、图案、字符等以符号的形式，事实上起到了从生产厂商到消费者直接的信号传递功能。穆斯林消费人群通过对这些极具穆斯林背景和特色的物品、文字，可以辨别出商家的穆斯林身份，从而以其身份的确认来确定食品的"合法合规性"。

由此可见，在这一阶段穆斯林食品消费者对清真食品的选择和交易就暗含了以下假设条件：

H1：凡是穆斯林提供的食品一定是清真食品；

H2：具有穆斯林身份标志的一定是真正的穆斯林。

有了以上假定，清真食品交易属于同信仰人群内部人之间的交易，以身份认同而产生的内部信用从而弥补了清真食品作为信任品的信息不对称问题，从而不需要政府的或者第三方的专门监管，清真食品交易由供需双方直接完成。

如图 3-1 所示，在这一阶段，生产经营清真食品的商人所制作的"清真牌"事实上起到了"信号显示"的作用。产品的卖方（经营清真食品的商人）通过具体的清真符号——"清真牌"来向清真食品的购买方

---

① 意为水瓶或水壶，因穆斯林讲究用流动的水洗漱并且洗过的水只能往下流，由此成为回族等穆斯林日常生活中必不可少的传统盥洗用品。

（穆斯林消费者）发出质量信号，以极富特色的标识表明自身同属穆斯林的身份，从而消费者给予信任最终达成交易。这种信号显示方式之所以在当时状况下是有效率的，主要源于以下原因：其一，当时清真食品种类不多，清真食品一般为食品原材料初级加工，清真食品的生产和经营所涉及的环节较少，一般多以自产自销为主，因此清真食品消费者很容易直接判别食品的清真属性。其二，当时的经济仍然处在以自给自足为主的自然经济阶段，商品流通范围小，大多以同地域的内部人相互交易，属于多轮次交易，为了维护其声誉，交易双方都会选择遵守信用。其三，从事清真食品生产和经营的商人本身均为穆斯林，因此本身受到共同宗教规范以及行为准则的影响，其行为会符合伊斯兰教法内部规定。

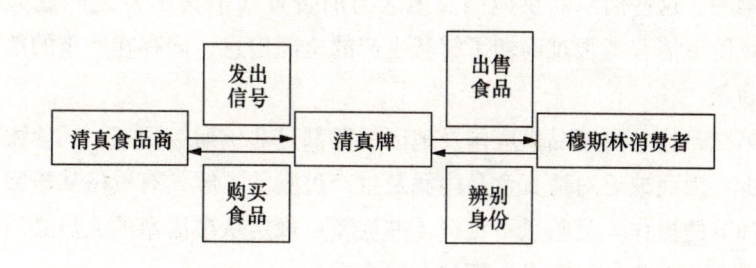

图 3-1 "信号传递"模式示意图

二 委托穆斯林机构进行信息甄别

随着自然经济发展至商品经济，各个地区和国家经济活动日益增多，国际贸易日趋繁荣。而穆斯林人口较为集中的国家和地区主要地处西亚和北非地区，该地区气候不适宜农作物生长，受其天然环境限制，阿拉伯国家所生产的食品无法满足其需求，根据新华网 2007 年 8 月 26 日引用 26 日出版的《政治报》报道："阿拉伯国家目前的食品生产只能满足 20% 的市场需求，其余的缺口全靠进口弥补。"同时，根据阿拉伯农业发展组织发布的《阿拉伯国家 2007—2009 年粮食安全状况报告》表明，阿拉伯国家的食品对外贸依赖性非常大，从 2007—2009 年的相关数据来看，虽然随着对国内食品业的逐步重视，阿拉伯国家主要食品出口额由 2007 年的 96 亿美元增加到 2009 年的 115 亿美元，增幅达 19.8%；但是同期主要食品进口额依然保持了庞大的基数，也由 346 亿美元上升到 390 亿美元，增幅依然高达 12.7%。2007—2009 年，阿拉伯国家及地区年平均主要食品贸易逆差高达 274 亿美元，同时这一现象依然会持续，阿拉伯农业发展组织根据统计资料估计，阿拉伯国家食品贸易逆差仍将以年均 5% 的速度递增。①基于此，阿拉伯国家一直致力于开拓国外的食品来源。一些国家从国外大量进口肉类等穆斯林生活必需品，甚至采用直接从国外购买牧场的做法来保证国内清真肉制品的供应。②

根据清真食品的内在规定，肉类是清真食品中限定最为详尽和严格的产品之一；其限定性的规定不仅仅包括种类选择，还包括处理方式：如具体的屠宰方式、屠宰人的资格，等等。因此，穆斯林消费者所消费的肉制品不仅仅是量上的满足，还必须在每个环节都符合伊斯兰教法的规定。但现实存在的两个问题都给这些国家的肉制品安全带来了挑战：

第一，这些肉制品供应国及地区与消费者（消费国）之间遥远的地理位置使得消费者很难确切了解其生产的全部信息，即存在严重的信息不对称问题。

第二，这些肉制品供应国及地区一般都是非伊斯兰国家，国内穆斯林人口少，因而缺乏对清真食品内涵及生产过程的了解，有资格从事宰牲等关键环节的操作人员数量不足（《古兰经》规定从事屠宰的人员必须是有天经者，且在宰牲过程中必须口念清真言）。

为了解决以上两个问题，这些国家初期派专人到出口国（或地区）的清真食品生产企业进行相应的培训和督导以确保整个生产流程和食品质量符合伊斯兰教的标准，同时随着当地清真食品生产企业数量和规模的增加，也带动了当地穆斯林人口的相对增加和聚集，并相应出现了当地的穆斯林团体和机构，由此这些清真食品进口国家逐步将培训以及生产过程中的监控和监督工作交由当地的穆斯林机构，从而形成了一种委托代理关系，如图 3-2 所示。

清真食品消费国 —委托管理→ 当地穆斯林机构 —实施监督→ 出口国企业

图 3-2 委托代理模式示意图

---

① 夏晨、郑斌：《阿拉伯国家粮食安全仍然面临巨大挑战》，新华网（http://news.xinhuanet.com/newscenter/2007-08/27/content_6611267.htm）。

② 文莱从澳大利亚购买了其国土面积 3 倍的牧场，沙特阿拉伯也从巴西购买牧场以确保国内清真肉制品的供应。

从图 3-2 可以看出，清真食品消费国与当地的穆斯林机构形成了委托代理关系，由当地穆斯林机构来根据进口国的要求，对当地生产企业进行培训和监督，从而确保进口国所需要的肉制品是符合穆斯林消费需求的。而同样的，穆斯林食品进口国对于制成品的信任，也源于对当地穆斯林机构身份的认可，认为同样的宗教信仰约束可以保证食品的安全可靠。

三 清真食品的第三方认证

一方面从清真食品市场的地理分布来看，随着穆斯林全球化的分布趋势，不仅仅是伊斯兰国家进口确保本国居民食品供应，同时分散在世界各地的穆斯林都有对清真食品的需求；另一方面，清真食品不再仅仅是一些阿拉伯国家为了保障国家清真食品供应而主动寻找适合的清真产品，而且随着食品市场领域竞争的激烈，一些国家和地区以及企业逐步认识到清真食品市场的重要性，将开拓这一新兴市场领域作为其经营的重点，首要的就是要通过某种方式得到其目标消费群——穆斯林消费者的认可和认同。由此，基于供需双方的需求，清真食品认证机构及现代的清真食品第三方认证制度应运而生。

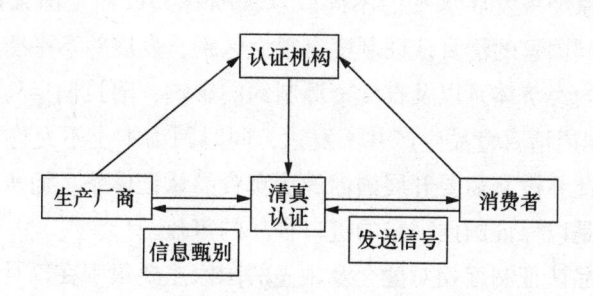

图 3-3 第三方认证模式

如图 3-3 所示，所谓第三方认证，就是非供方，也非需方，而是由独立的第三方通过自身信用保证，开具出符合清真食品标准的证明文件的行为。清真认证机构以信息中介的方式，监督清真食品生产厂商的生产过程和资质并开具认证证明，一方面帮助清真食品生产厂商进入清真食品市场，另一方面提升了清真食品消费者对产品的信任度。

综上所述，清真食品认证的发展历程由早期以生产商为主导，通过"清真牌"的方式，自行传递同属穆斯林身份的信息而引致消费者消费的初级阶段，逐步进入到因消费者需要而委托穆斯林机构监督培训食品生产者以获取合法合规的清真食品的委托—代理阶段,最终演化为随着清真食品市场的发展和繁荣,为了适应消费者和生产者分别有发送信号和信息甄别的大量需求以弥补清真食品市场信息不对称问题,从而涌现出大量专门从事清真认证,颁发清真认证标识的专门机构的清真食品第三方认证阶段。至此,现代化的清真食品认证制度基本形成。

而清真食品认证制度的产生与发展有其内外动因。内因在于清真食品本身信任品特征明显,因而会引发信息不对称,价格失灵,因此供需双方均有需要制度安排来解决这一问题的需求;外因在于社会分工的细化,贸易的繁荣以及食品新科技的发展。这些原因汇总构成了清真食品认证制度演化的动力。

第二节 清真食品认证制度现状及面临的挑战

一 清真食品认证制度现状

各个国家经济发展水平的不同以及穆斯林人口在全国人口占比的不同,使得不同国家的清真认证制度有很大区别,发展并不平衡。

受到国内经济体系以及自然资源制约的影响,阿拉伯半岛的传统伊斯兰国家[①]其国内清真食品生产并不发达,同时因为本土不允许非清真的食品入境,因此并没有需要开展国内的清真食品认证体系,而所谓清真食品的认证主要是以保证国内需求的进口食品的审核。

清真食品认证制度相对健全及领先的国家主要集中在以马来西亚为代表的东南亚几个国家(包括泰国、印度尼西亚、新加坡等)。以马来西亚为例,马来西亚以伊斯兰教为国教,但同时其他民族也占国内人口很大比例(其中,马来人约占62.1%,华人约占22.6%,印度人占6.8%,其他种族约占1.2%,非马来西亚公民约占7.3%)。[②]因此,其国内存在清真食品和其他食品同时消费,对外又存在清真食品的进口与出口。基于管理的复杂性,马来西亚政府自上而下,自20世纪60年代就致力于现代化

[①] 如沙特阿拉伯、也门、阿曼、阿拉伯联合酋长国、卡塔尔、巴林、科威特、约旦、伊拉克。

[②] 商务部国际贸易经济合作研究院:《对外合作国别(地区)指南——马来西亚(2011)》。

的清真食品管理及认证的探索及推动。1982 年开始，马来西亚政府在全国大力推行穆斯林食品及用品规则（Halal 认证），2004 年 8 月发布了马来西亚标准《清真食品生产、制备、处理和储存——通用指南》（MS 1500：2004），其中包括 GMP（商品制造操作规范）和 GHP（商品卫生操作规范），这一标准已于 2009 年 9 月更新为第二版（MS 1500：2009）。马来西亚的清真认证标准已被伊斯兰会议组织（OIC）认可，并在国际具有很高的信誉。事实上，马来西亚致力于其清真食品认证的推广，从而奠定了该国在国际清真食品枢纽和认证中心的地位。

同时，美国、加拿大、澳大利亚、新西兰以及欧洲等西方发达国家，由于本国穆斯林人口逐步进入以及对外清真食品出口量增加的原因，也成立了很多清真食品认证机构，并根据各国法律和政体的不同对清真食品进行管理。

二 清真食品认证制度存在的问题及挑战

（一）没有统一规范的清真认证标准和规则

与清真食品市场全球化趋势不匹配的是国际上并没有统一的清真食品认证标准和规则。

由于不同国家和地区经济发展水平以及风俗习惯和对伊斯兰教法理的理解不同，很多国家在清真食品的规定上依然存在分歧，大多数国家只对进入本国消费市场的清真食品进行审核和要求。一方面各国也认识到统一清真认证标准的重要性，另一方面不同国家和地区更注重于试图以自身标准作为全球清真食品认证准则以获取技术优势，构建清真食品贸易的技术壁垒，因此认证制度的统一任重而道远（见表 3-1、表 3-2）。

表 3-1　　　　　　　　主要国家及地区清真肉类生产规章制度

国家/地区	清真肉制品生产认证管理相关规章
澳大利亚	澳大利亚检验检疫局通告肉类 2009/08（AQIS Meat Notice 2009/08）
欧盟	（EC）No. 1099/2009
海湾合作委员会国家	GSO 993/1998
印度尼西亚	LLPOM MUI HAS 23103，2012
马来西亚	MS 1500：2009
新西兰	动物产品（清真保证的海外市场的准入规定）通告 2012 [Animal Products（Overseas Market Access Requirements for Halal Assurances）Notice 2012]

续表

国家/地区	清真肉制品生产认证管理相关规章
英国	动物屠宰条例1990及补充修订条例1995/1998 [The Slaughter of Animals Regulations 1990 and subsequent amendments 1995 and 1999 (MAFF 1999)]
美国	美国农业部人道屠宰牲畜规章 [USDA Humane Slaughter of Livestock Regulations (9 C.F.R. 313.1 - 90)]
乌拉圭	GOU Law No. 18, 471, 2009.

资料来源：M. van der Spiegel et al., "Trends in Food", *Science & Technology*, 27 (2012): 109-119.

表3-2　　　主要国家及地区清真食品标准

标准	国家	组织	标准/规则
全球	所有国家 所有国家	国际食品法典委员会（CAC） 世界清真理事会（WHC）	全球统一食品标准（CAC/GL 24-1997 Unifed halal food standard worldwide）
亚洲	57国家（57 countries） All countries 东南亚10国（10 South East Asian countries） 泰国（Thailand） 马来西亚（Malaysia） 印度尼西亚（Indonesia）	伊斯兰会议组织（OIC） 东盟（ASEAN） 泰国伊斯兰中心委员会（CICOT） 马来西亚伊斯兰教发展局（JAKIM） 印度尼西亚乌拉玛委员会（LPPOM MUI）	ICRIC-MHS-0110 GHMS 东盟一般性指南（ASEAN General guidelines） THS24000：2552 MS 1500：2004 清真认证体系的指导方针（Guidelines of Halal Assurance System）
海湾国家	海湾7国（7 Persian Gulf countries） 阿联酋（United Arab Emirates）	海湾合作委员会（GCC）	GSO993：1998；GSO1931/2009UAE993：1998
欧洲	欧盟（European countries）	欧洲标准化委员会（CEN）	清真指南细则（Guidelines on halal defnition）
澳大利亚	澳大利亚（Australia）	澳大利亚ASI认证组织（ASI）	ONR14200：2009

资料来源：M. van der Spiegel et al., "Trends in Food", *Science & Technology*, 27 (2012): 109-119.

从表3-1与表3-2中可以看出，全球范围内，不同层次不同标准的清真食品认证准则众多并不统一。其中，对于"Halal"要求最为严格，也是分歧最大的清真红肉①生产规则林立，这使得清真食品全球贸易中，出口国进入不同的国家及地区面临着重复认证，无疑增加了清真食品的进入和流通成本。

（二）清真认证机构种类多，资质参差不齐

清真食品认证机构是随着清真食品市场的快速增长应运而生的。第三方认证机构的出现，一方面，可以便利清真食品消费者在清真食品内部属性而造成的信息不对称的情况下，通过其发放的清真食品认证证明来甄别信息；另一方面认证机构开具的清真食品证明为生产者进入清真食品市场吸引目标消费者起到了信号传递的作用；清真认证机构本身对清真食品市场的繁荣和发展也起到了积极作用。但是，随着清真食品市场发展的前景被普遍看好的情况下，清真认证本身存在商机，资本的逐利性，使越来越多的机构进入到清真食品认证行业，清真食品认证机构数量也随之激增。据阿拉伯联盟内部资料统计，世界共有超过300家的Halal认证机构，并且分布在全球各个地区（详见图3-4）。不同的认证机构也在认证过程中授权不同的清真认证（Halal认证）标识（见图3-5）。

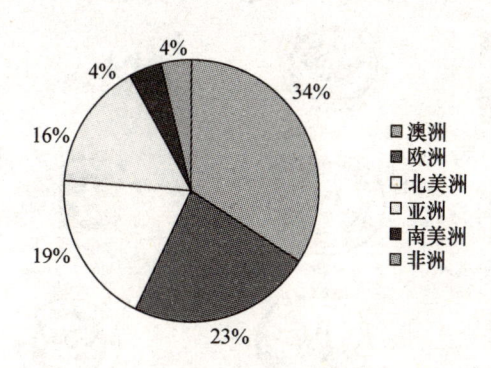

图3-4 全球清真食品认证机构分布

资料来源：阿拉伯联盟内部统计资料。

---

① 不同国家和地区对清真肉制品屠宰过程的规定有分歧。有些国家可以接受电击，有些国家不能接受电击。同时对电击方式也有不同的详细规定。

从图 3-4 中可以看出，这些清真食品认证机构主要分布在澳洲、欧洲、北美洲和亚洲。其中，不乏美国的伊斯兰食品和营养协会 IFANCA – Halal（The Islamic Food and Nutrition Council of America）、国际清真食品理事会 HFC – Halal（Halal Food Council International/ Halal Food Council S. E. A.）、澳大利亚的国际清真认证管理局 HCAI – halal（Halal Certification Authority International）、马来西亚的伊斯兰教发展署 JAKIM – hala（Jabatan Kemajuan Islam Malaysia）、印度尼西亚的乌拉玛委员会 MUI – halal（Majelis Ulama Indonesia）、新加坡的新加坡伊斯兰宗教委员会 MUIS – halal（Majlis Ugama Islam Singapura）等这些在全球享有一定声誉的清真认证机构，但同时还充斥着一些并无法定资质的中介机构，根据阿拉伯国家联盟内部资料统计，全球有清真食品认证机构中注册并取得合法资格的机构仅占 33%。

图 3-5　清真食品认证标志

资料来源：笔者收集整理。

显而易见，现实中各国清真认证标志和规则的不统一，必然会造成贸易中的重复认证，增加了清真食品企业进入国际市场的成本从而形成贸易壁垒；而清真食品认证机构水平的参差不齐则更会损害第三方"认证"公信力，从而损害了清真食品认证的信号功能。清真认证从实质上是通过第三方自身的信用作为担保，从而降低消费者在信息不对称下的风险，起到信息甄别的作用，而过多的资质参差不齐的清真食品认证机构以及繁多不同的清真食品认证标识，使得消费者面临认证信息选择困难，同时有些第三方认证机构本身并没有相应资质，则大大降低了清真食品认证信息甄别的效用，同时会损害清真食品消费者对整体市场的信心。

（三）清真食品工业化对清真食品认证提出了新的要求

科技的进步、社会的发展，丰富了人类的各方面需求。而食品产业本身也在不断发展，如今食品已不仅仅是农牧产品、副产品的简单初级加工，而已步入工业化趋势，清真食品的发展也顺应了这一潮流。生产的规模化、标准化、新科技的应用、产品的深加工等，这一工业化趋势更多样性地满足了消费者需求，但是同时也产生了两个重要的问题：

（1）清真食品工业化使食品产业链不断延长，从而对清真食品的认证和管理提出了挑战。传统的清真食品很多以前都是手工作坊的简单加工形式制作，而今则进入了食品工业化进程。清真食品产业链指食品经由生产、加工、流通，直至消费的整个过程，也被称为从"农田到餐桌"（from farm to table），其包含了农产品种植、肉制品的养殖、屠宰及生产加工、物流、包装、流通以及餐饮管理等各个环节。而最终的消费者所食用的清真食品，必须在整个产业链条、环节中都应符合清真食品的内在规定。从清真食品的概念中可以看出，清真食品的合法性，不仅仅在于对成分的严格规定，同时还有过程和处理环节都必须合法、合规。随着社会分工的细化，整个环节经历了不同的企业，这对于最终产品的整体认证和监管都有很大的难度。

（2）科技促进了食品产业的发展，同时也给食品产业带来了新的问题，对于清真食品也是如此。如为了增产增收而在农产品采用转基因技术，为了改变食品的口味增添的各种添加剂，这些都是清真食品及清真食品认证中所遇到的新的问题。如何在新型技术条件下规定及检测食品，保证其符合伊斯兰法理的规定，这对穆斯林学者、宗教学者以及清真食品检验专业技术人员都提出了新的要求。

第三节 中国的清真食品认证制度发展策略分析

中国是一个多民族国家,其中回族、维吾尔族、哈萨克族、柯尔克孜族、乌孜别克族、塔塔尔族、塔吉克族、东乡族、撒拉族、保安族等少数民族信奉伊斯兰教,穆斯林人口超过2000万。根据中国伊斯兰教协会内部统计资料显示,中国国内清真食品的年均交易额达到21亿美元,并且以10%的速度递增。同时,中国的一些大型食品生产企业如皓月集团也加入到国际清真食品市场竞争中去,虽然中国在国际清真食品市场中的市场份额较低(清真食品出口额仅有1亿美元左右),但也呈现出了上升态势。因此,无论是加强国内市场的管理还是应对清真食品国际市场竞争的需要,中国建立健全清真食品认证制度是亟须解决的问题。同时,根据新制度经济学理论,制度演化是随着经济发展的客观需求而进行的。而与此同时,制度的建立和健全对经济增长繁荣也有反向推动作用。基于此,为了国内清真市场的健康和稳定发展以及更好地参与到清真食品的国际竞争中去,都有必要对中国现行的清真食品认证制度加以梳理并探讨未来的发展方向。

一 统一国内清真食品立法和认证标准

目前,中国清真食品认证并没有统一的立法和规范。理论界早期对清真食品立法的探讨长期停留在对于"清真"这一概念的界定上,探讨"清真"的含义到底应该归属于民族概念还是应该归属于与国外接轨的"伊斯兰教"的概念。近些年,由于国外清真市场一体化的实践,学界才逐步开始统一认知,认为"清真"的概念应基于"Halal"的内涵,这样有利于立法规范。但是由于中国信仰伊斯兰教的民族呈现出"大散居,小聚居"的特点,不同的行政区划根据自己所在地区的实际特点对于清真食品有不同的规范和立法,这对于国内清真食品市场发展是不利的。由此可见,中国清真食品认证首先要解决的问题就是在国内统一对于清真食品认证的标准,从而打破国内行政或经济区域的壁垒,保障清真食品在不同地区的流通,同时切实保障清真食品消费者的权益。2012年9月12日宁夏、陕西、甘肃、青海、云南、黑龙江六个省区在宁夏回族自治区首府银川市签署协议,联合制定《清真食品认证地方联盟标准》。这一举措也是在全国统一清真食品管理及认证法规难以出台的情况下，在实践中有益的尝试和探索。

二 明确清真食品管理及认证机构的职责

中国清真食品属于多头管理。国内清真食品市场除了受到食品相关部门的管辖外，还由当地民委（宗教局）、工商部门、质量监督管理部门等协同管理。其中，工商部门及质量监督管理部门有执法权，民委以及当地的伊斯兰教协会负责监督，而多头管理在实际操作中必然存在协调、沟通的困难，容易造成权责不清，出现管理漏洞。中国的清真食品认证发展比较晚，早期国内清真食品长期是由当地民委或伊斯兰教协会监制，并没有专门的认证机构。而清真食品的对外出口，主要是由中国伊斯兰教协会、山东伊斯兰教协会以及新成立的宁夏清真食品（国际）认证中心承担。其中，宁夏于2009年出台的《宁夏回族自治区清真食品认证通则》是中国首个正式出台的地方清真食品认证标准。清真食品认证的实质是通过清真认证机构本身的信用作为担保背书，从而确保经认证后的清真食品符合穆斯林消费者的需求以及伊斯兰教法的要求，因此认证机构应具备与其相应的法人地位，但是目前中国的清真认证管理由于缺乏统一立法，属于多头管理，会有权责不分、职责不明确的问题，这与国际清真食品认证的趋势不一致，也不利于清真食品认证的权威性。

三 与国际权威清真认证标准接轨

虽然国际上并没有统一的清真认证标准，但可以看到，随着国际清真食品市场一体化程度增强，各国之间清真食品认证接轨是总体趋势。对于中国而言，年均价值1500亿美元的清真食品市场有很强的吸引力。而进入这一市场的"敲门"砖就是被各国认可和接受的清真认证。中国有十几个信奉伊斯兰教的民族，在国内一直有清真食品的生产，因此在做好与国外清真食品认证的工作基础上中国有可能，也有能力、更有意愿加入到国际清真食品市场的竞争。国际清真食品市场是一个新兴市场，巨大的潜力吸引了多方投资。不仅仅穆斯林人口众多的国家注重这一市场，美国、加拿大、澳大利亚、英国、荷兰等发达国家也认识到其重要性，并保持了一定的竞争优势，并且穆斯林人口在全球均有分布，清真食品贸易涉及不同的国家和地区，因此尽快开展与各国之间的贸易协商以及清真食品认证的互认，无疑可以为国内企业出口降低其重复认证的成本。目前，新建立的宁夏清真食品国际认证中心先后与马来西亚、澳大利亚、新西兰、沙特阿拉伯、埃及、卡塔尔6国签署清真食品标准互认合作协议，今后应着眼于国际范围内进一步扩大互认协定。

同时应该看到清真食品认证的另一方面。清真食品认证不仅仅是进入其他国家或地区的"准入证"，随着一些国家（如马来西亚、印度尼西亚、泰国等）认识到清真食品产业发展的重要性，甚至上升为国家的支柱性产业，开始凭借其先期在认证上的研究和实践而试图通过以自己的认证制度作为国际认证标准，从而奠定自己在国际清真食品市场的地位，同时清真认证制度本身成为其国家贸易中非常重要的技术壁垒。在这种情况下，中国的清真食品认证一方面要与先进的国际上认可的认证标准相接轨，另一方面应通过增加合作、国际交流等方式来提升自己的话语权。

四　建立完善的清真认证体系

由于清真食品工业化趋势，其食品产业链不断延长，并且同一个最终产品经历了不同国家及地区的企业的生产过程，基于清真食品信任品特征，确保每一个环节的合法合规就更为困难，清真食品的安全保障也变得更为重要。基于此，清真食品认证应顺应食品发展总体趋势，为了确保其"从农田到餐桌"的安全应采取可回溯制度（traceability system）以及HACCP（Hazard Analysis and Critical Control Point）管理控制办法。

所谓清真食品的可回溯制度的重点就在于全产业链的信息流通以及责任追踪，强调整个产业链内部的制约连带关系。具体包括从清真食品的生产源头向消费终端（"从农田到餐桌"）以及从消费终端向生产源头（"从餐桌到农田"）的双向追踪：一方面利于生产厂家在检查中发现问题而迅速召回有问题产品并适当处理，从而降低问题产品的危害，甚至可以提前避免清真食品安全问题事故的发生；另一方面对于清真食品消费者而言，通过最终产品可以迅速获取整个产业链的相关信息，这本身可以增强消费信心。而"HACCP"是指"危害分析与关键控制点"管理方法，1971年起源于美国。1997年，联合国粮农组织与世界卫生组织（FAO/WHO）所属的国际食品法典委员会（CAC）制定和公布了《HACCP体系及其应用准则》，目前，世界各国食品生产企业的安全质量管理都将其作为食品安全管理的准则。该体系具有普适性，本身是一个有内在逻辑的控制和评价系统，强调食品生产过程是有机组成体，因而倡导自上而下的企业人员全员参与；重视生产过程的分析和量化管理，建立HACCP监控系统，按照计划进行各个环节的数据、文件以及质量记录等的审核，这非常适合清真的"过程属性"。

综上所述,清真食品的安全供应对内能保护穆斯林少数民族合法权益,对外可以开拓新的贸易增长点,而其基础都在于清真食品认证制度的完善。如何打造安全、公平的市场环境,发掘清真食品真正"合法、佳美"的内涵,是中国加入国际清真食品市场竞争的前提条件。

第四章　清真食品的消费者选择两阶段模型分析

由于清真食品的内在限定性规定，使其具有极强的信任品特征。也就是说，消费者无论在消费前，还是消费中，甚至消费后都很难低成本地获取清真食品的全部质量信息。而这一特征最显而易见的表现就是引发由于消费者和生产者直接信息不对称而产生的价格失灵问题。

解决这一问题的方式，就是引入清真食品认证制度，清真食品认证机构以其自身的信用为清真食品的"Halal"属性做"背书"，从而对消费者及经营者双方分别起到"信息甄别"和"信号传递"的效用。食品生产和经营厂商可以通过认证进入清真食品市场，获取进入许可证，进入清真食品市场的生产企业，不仅仅包括传统的穆斯林食品企业也包括一些知名的国际食品企业和品牌，如雀巢、麦当劳等。对于消费者而言，印制在清真食品外包装的清真食品认证标识是他们用以区分食品"清真"属性的重要依据。因此，与一般食品相比较消费者面对清真认证食品时，增加了选择的环节。而这一过程对消费者最终选择会有什么影响，不同类型消费者会采用什么样的选择方式则是本章所探讨的问题。

第一节　清真食品市场与清真食品消费者

在对于清真食品概念以及清真食品种类的界定中，已明确了清真食品本身具有严格的限定性。具体表现在，从食品种类而言分为"合法"（Halal）的与"禁忌"（Haram）的，从食品的处理来看，关于食品的屠宰处理过程乃至储存运输环节都有非常严格的规定。但是有别于食品本身的严格限定性，清真食品对于消费者身份则并无限制。相反，由于清真食品坚持的"清洁、健康、佳美"的内在特质以及对生产制作流程的严格监督，清真食品本身受到广大消费者的喜爱和接受。因此，清真食品的消费者不仅仅局限于穆斯林消费者，还包括非穆斯林消费者。

对于穆斯林而言，清真食品属于其生活必需品，是其精神理念的一部分。食用"合法"的食品本身是一个穆斯林应承担的责任和义务。

而对于非穆斯林而言，清真食品也可以成为其食品购买的选择。首先，清真认证食品可以成为犹太洁食的替代品。出于宗教信仰的因素，犹太人在饮食上受到犹太教规的规定，这种符合犹太教教规的食品被称为犹太"洁食"，也就是所谓的 Koser 认证食品。由于伊斯兰教与犹太教同源，这种依据教法规定的饮食规则有相近之处，如犹太洁食即 Koser 认证食品也严禁使用猪肉以及动物鲜血等原料。因此经过 Halal 认证后的清真食品也可以成为 Koser 认证食品的替代品。Minkus McKenna（2007）指出，在美国清真食品的消费者不仅仅是穆斯林消费者，犹太消费者也占据了很大的比例。其次，对于清真食品的消费也突破了宗教禁忌和信仰的范畴，除犹太人从其宗教信仰的饮食规则考虑外，其他非穆斯林消费者也会根据健康、质量、风味或便利性等原因购买清真食品。以英国为例，根据英国《每日邮报》的调查，在英国最大的酒店及餐饮集团 Whitbread 旗下的必富达以及 Brewers Fayre 连锁店，其提供的超过 3/4 的家禽属于清真食品。同时在英国的肉制品销售中，有 11% 属于清真肉制品，而英国的穆斯林人口仅仅占到其人口总额的 3%。在中国也有同样的情形。清真食品不仅仅被回族、维吾尔族以及其他穆斯林消费者所购买及食用，还被包括汉族在内的其他民族消费者所广泛接受。但是清真食品对于不同消费者的意义是不同的。

第二节 消费者购买决策综述

对于商品而言，其生产的目的就是为了消费者购买。换句话说，消费者的购买行为才能保证商品的价值实现。因此研究消费者态度、行为以及最终的消费者购买决策（consumer decision making）是至关重要的。

关于消费者购买决策，学者主要从两个角度来研究和分析。也就是理论经济学角度以及认知心理学角度。

一 理论经济学角度的消费者购买决策

理论经济学角度将消费者购买决策等同于一般决策行为。其中,早期盛行的是古典决策论。在这理论范畴内对消费者首先有一个"经济人"的假设前提,消费者选择购买的目的就是经济利益最大化。由此消费者想达到这一目的必须做出所谓的"完美"决策。其中也就暗含了以下条件。第一,消费者必须能够了解所有的产品信息;第二,消费者必须能够完全理性并正确地将所有可相互替代的产品的优点和缺点进行全序列排序;第三,选择的标准是理性的。这种决策理论的前提假设过于苛刻,在现实生活中很难达到。由此在19世纪50年代又产生了西蒙所提出的行为决策理论。以西蒙为代表的行为学派认为,古典决策理论模型太过理想化以及简单化,在现实社会中,由于人自身认知的局限性,以及外部的时间压力等约束,消费者不需要或者没有能力找出最优的决策方案[1],而是根据个人偏好或其他原因在有限备选集中选取自己满意的产品作为购买决策。

二 认知心理学角度

从认知心理学研究消费者决策行为,在延续了西蒙的"有限理性"的观点基础上,同时又更加强调消费者在购买决策中的主动性。消费者在其购买行为中属于信息处理者,他一方面能够积极主动去搜寻有关其消费品的相关信息,另一方面会根据时间、精力、物力及财力的具体状况在获取了"满意"的足够多数量信息后就会停止信息搜寻行为。因此,从认知心理学角度来看,消费者是在有限信息中来进行决策的。同样地,为了进一步简化决策程序以及减少决策时间,消费者还会采用一定的决策规则来完成最终的决策目标。这种观点目前受到消费者行为研究者的认可。

除了消费者会主动搜寻信息外,认知心理学还强调消费者的学习能力,认为消费者对信息的掌握本身是一个动态过程,随着外界环境的变化和刺激以及消费者的经验随着时间的增长,消费者所掌握的产品信息从数量和质量上都有相应变化。

学界除了以上两种主流的消费者决策观点外,还有所谓消费者决策的被动观点以及消费者决策的情感冲动观点。这两种观点都打破了传统的"理性经济人"假设,将消费者视为非理性的。其中,消费者决策的被动

---

[1] Herbert A. Simon, *Administrative Behavior*, 2nd ed., New York: Wiley, 1985, pp. 140 – 241.

观点将消费者视为购买行为中的被动接受者，认为消费者购买是无意识的行为，是完全受到销售者操纵。这种观点从现实来看显然是错误的。消费者即使会由于推销人员的误导而购买了不符合自身利益的产品，而随着消费者启动学习过程，消费者会根据其购买的负面经历而在下一次购买中采取不同的决策。而另外的消费者决策情感冲动观点则强调消费者的决策是受其自我情绪的影响和支配。Barry J. Baabin、William R. Darden（1992）在现实中发现，消费者购买商品不仅仅是由于其高的性价比，消费者所处的"外部环境"以及自身的"感觉状态"都影响到他的情感反应，并最终作用于其购买决策。这一消费者决策观点逐步被纳入消费者认知的决策理论中，这些学者的研究和观点更加丰富了消费者认知决策的理论体系。

综上所述，关于消费者决策，不同的学者研究角度不同，但也有其共性。其一，消费者决策与信息的数量和质量密切相关。其二，消费者进行决策是需要一定的决策程序和规则。本章所关注的重点就是清真食品消费者购买的决策程序和规则。

第三节 清真食品消费者购买决策两阶段模型

决策的概念有广义的决策概念和狭义的决策概念。广义的决策是指从搜集信息，确立目标乃至具体选择以及决策后评价的全过程。而狭义的决策就是指从备选的方案中做出最后抉择。在这里，清真食品消费者购买决策就是指狭义的决策概念。

一般而言，消费者决策都可以简化为两个阶段。也就是产品（品牌）选择集合的形成阶段以及从备选集合中进行最终抉择的阶段。

如前面所述，消费者很难获取有关产品的全部信息，也不会将市场上所有的产品都——评估；相反，消费者会选择一定的简化程序，来对有限的产品（品牌）集合进行评价。而这个有限的产品（品牌）集合就是所谓的备选集。

Hauser（2009，2011）指出，当消费者面临大量的产品需要选择或者是评估的属性特征很多的时候，一般会采取消费者决策启发式决策规则（consumer decision heuristic decision rule）来简化其选择程序。也就是采取决策的两阶段模型。第一个阶段是通过信息的搜寻从市场所提供的产品中选择出一个可以接受的有限的产品选择集合，第二个阶段则是从有限的产品选择集合中进行最后的购买决策。

"启发式"一词来源于希腊语"heuriskein"，其含义是发现的意思。在不完全信息以及消费者不完全理性状态下，利用这一决策方法可以节约时间、人力、物力以及精力等成本。基于这种决策方式，消费者并不对市场所有产品和信息依次进行评估，而是根据自身的经验以及直觉，迅速在产品（品牌）中形成精简后的决策备选集，而这里的备选集也就是消费者心理学中的唤起集合（evoked set）。存在这唤起集合中的产品（品牌）集合是消费者熟悉，能够注意到并且满意的集合。在认知心理学中与此相对应的集合是排斥集合（inept set）以及忽略集合（inert set）。排斥集合是消费者对这些产品（品牌）无法接受，首先排斥在选择之外的产品（品牌）集合。[①] 而忽略集合则是消费者不熟悉、不了解、没有考虑过、无法注意到的产品（品牌）集合。虽然这些产品（品牌）在市场中存在，但是消费者并没有留意过，也无法纳入其购买计划中去。事实上，随着市场的充分竞争，充斥着大量的同类产品，而其中很多或许从产品的质量和功能而言与主流产品并没有明显区别，但无法唤起消费者注意而进入过备选集，这个问题是值得生产厂商所关注的，而解决的办法就是从消费者选择入手。

由于清真食品消费者的身份不同，其选择清真食品的动机和目的也不同，自然其决策过程也有差异。

一 穆斯林消费者两阶段选择模型

如前所述，清真食品是穆斯林消费者的生活必需品，是其宗教信仰和情感联系在消费中的体现和折射。而根据《古兰经》教义，穆斯林只能食用"Halal"也就是"合法、合规"的食品，而对于"Haram"（禁忌）的食品是严禁食用的。而清真食品的"合法、合规"使其比一般食品更具备信任品属性。而这种信任品属性所直接引发的就是生产者和消费者之间的信息不对称。从而对于穆斯林消费者而言就存在着矛盾。一方面，穆斯林必须选择"Halal"食品；另一方面，仅仅根据食品本身消费者无法完全判别其是否合法合规。换句话说，食品究竟"清真"与否对于穆斯

---

① 该集合也可称为"不满意集合"。对于产品的排斥不仅仅是产品的整体评价低，也包括消费者认为重要的一个因素不满意就可排除在外。

林消费者至关重要，但是又使其面临着巨大的风险。因此，消费者在其购买决策中，首要考虑的因素就是"Halal"（清真属性）的可靠性。根据第二章的分析，解决食品的信任品属性而导致的信息不对称的有效方法是食品标签制度。而在食品外包装上的清真食品认证标识无疑起到了这种作用。因此是否通过了清真食品认证，食品外包装上印制的清真认证标识则成为穆斯林消费者购买食品所考虑的首要因素，这也就体现在其具体购买决策中。

穆斯林消费者对于食品的购买首要因素是其"Halal"（清真）属性，食品"合法合规"的内在要求是穆斯林消费者选择的起点。但是在备选集的形成过程，穆斯林消费者没有能力也没有时间和精力依次了解市场上所有食品的制作是否符合《古兰经》的规定，而是通过查验有无食品包装外部印制的清真食品认证标识将市场中的食品筛选，迅速形成精简的选择子集——备选集合。由此可见，清真食品认证制度以及清真食品认证标识本身发挥了其作为清真食品信任品属性外在的"信号传递"功能，而清真食品认证被消费者的认可以及接受则降低了消费者的信息搜寻费用，也就是我们所说的"交易成本"。在中国，以回族、维吾尔族、东乡族、撒拉族等以信奉伊斯兰教为主体的穆斯林是以"大杂居，小聚居"的形态分布，而在穆斯林相对集中的区域，会存在清真食品专柜甚至专门的清真食品超市。[①] 这样的清真食品专卖店以及清真食品专柜的存在，会更加节约穆斯林消费者的产品和信息搜寻时间及成本。

由此可见，清真食品认证简化了穆斯林消费者形成备选集的程序，节约了消费者的交易成本。在这备选集中，穆斯林消费者由于认可清真食品认证本身从而接纳这些食品，但是在备选集形成之后，消费者依然需要进入第二个程序，也就是评估备选集内部的产品（品牌）并做出最终的购买决策。

这里则涉及消费者的决策规则。而具体又可以根据对集合内产品属性的评判方法，分为补偿性决策规则（compensatory decision rules）以及非补偿性决策规则（nocompensatory decision rules）。

所谓补偿性决策规则也可以称为优选法，具体规则是计算所选集合内

[①] 在宁夏回族自治区的首府银川市先后成立了两家专门的清真食品超市，同时在其他具有一定规模的超市会有专门的清真食品专柜以明显的标志和其他食品区分。同样的，在北京的牛街有全国规模最大的清真食品、日用品超市。

所有产品（品牌）的各种属性（利益点），将每一种属性都计算其权重及具体指标最终得出总的得分，而消费者则选择备选集内部产品（品牌）得分最高的那一个作为最终的购买决定。很明显，这种对于产品（品牌）总分的计算和评价，其产品（品牌）的某些属性的优势可以被其他一些属性的劣势所弥补。比如，对某个品牌的饼干做评价，假定其属性中存在饼干的添加剂过多这一负面评价的属性，但是可能会被消费者对其口感非常细腻可口这一正面评价的很高的评分所抵消。而所谓的非补偿性决策规则就与此相反，产品（品牌）的一些属性的正面评价指标和负面评价指标之间相互不能抵消和弥补。比如，同样是这个品牌的饼干，消费者将健康问题视为非常重要的因素，那么其美妙的口感是不能抵消过多添加剂带来的健康风险。换句话说，消费者会在添加剂这一属性划分一个合理阈值范围，超过标准则放弃对此产品（品牌）的选择。

分析以上两种规则不难看出，补偿性决策规则是建立在消费者掌握备选集内部所有产品（品牌）的属性前提下，并且消费者对于各个属性没有极端偏好。而在消费者现实购买决策中，首先，即使是精简后的备选集，不同消费者也很难了解集合内部选项的所有内部属性；其次，消费者并不是完全理性的，在对消费品的购买和选择中通常会有极端偏好。因此采取非补偿性决策规则的居多。

对于备选集内的产品（品牌），已经是消费者预先精简过的。也就是这些方案对于消费者是非劣质的，可以接受的。在非补偿性决策规则内又有以下几种决策方式：连接决策原则、分离决策以及字典序决策原则。这几种原则与上述优选法不同，都考虑了消费者偏好。连接决策原则是指在考虑了消费者偏好前提下，对产品（品牌）的每一个属性均设置下限值，也就是剔除值，只要低于这个相应指标则选择放弃，这种方法可以加快决策速度。所谓分离决策方法也可以称之为非连接法。这种方法和连接决策方法相反，给每个属性也设立下限，但是这个下限不是剔除值，是进入值，也就是符合达标的。最后是字典序选择法。

所谓字典序选择法是和消费者的字典序偏好相关的概念，其偏好关系可以表示如下：

假设一组偏好其元素偏好关系满足：

若$(x, y) \in B(i=1, 2)$，那么，

$(x_1, y_1) \geqslant (x_2, y_2) \Leftrightarrow x_1 > x_2$ 或者 $x_1 = x_2$ 且 $y_1 > y_2$

则将这种偏好序称之为字典序偏好。字典序是一种全序结构,具有传递性、单调性、完备性以及局部不饱和性等特征,但是不满足连续性。它是指一个向量集中的向量按照类似字典的结构排序,即先看第一个分量,如果第一个分量大,则排在前面;如果第一个分量相同,则再看第二个分量,第二个分量大则排在前面;如果第二个分量相同,则再看第三个分量,以此类推;上面的偏好关系是二元偏好关系,事实上可以推广到n元。

由此可见,所谓的字典序偏好决策方法就是指消费者根据商品不同属性的重要程度来分级,之后按顺序来比较单一属性,当单一属性足够高则选择程序结束,而出现单一属性水平一致从而导致多个选择后则按照下面的属性再依次选择,直至选择结束。

表面上看,遵循字典序决策规则的消费者选择不理性,但是在现实中却有很多体现出这种选择规则的实例。如在酒店行业消费者考虑的"位置第一"原则等都是这一决策规则的现实体现。同样的,穆斯林消费者购买清真食品则充分体现了字典序决策规则。

如前所述,穆斯林消费者购买清真食品首要考虑的因素是食品是否"合法、合规",这一特殊属性超越了所有的其他可替代选择。也就是只要不满足这一点,食品无论是多么高档的品牌或者性价比多高,消费者均不会考虑。在前面的消费者备选集中,消费者会以此作为精简前提,而在最终对集合内部的购买决策中,消费者依然会延续对清真安全度属性的偏好。

同样属于清真认证食品,但是认证机构不同,消费者对其接受程度和安全感知度也会有区别,因此在消费者决策过程中,消费者对备选集合内部的产品的清真认证信用度会做进一步评估,当认证信用度相同时,则会进一步考虑产品(品牌)的具体属性特征。

简单地说,假设在仅考虑商品的认证信息以及品牌信息的前提下,消费者已将所有经清真认证过的食品纳入备选集合,假定备选集中现有两个商品,表示如下:

$(x_i, y_i)(i=1, 2)$

其中:x代表不同机构颁发的清真认证的市场信用度,x_1代表对商品1所颁发的清真认证的市场信用度,而x_2则代表对商品2进行清真认证的市场信用度;y则代表对商品的不同品牌属性评价,y_1代表对商品1的品牌属性评价，y_2 则代表对商品 2 的品牌属性评价。根据穆斯林消费者偏好及其决策规则，其先考虑清真认证等级，然后再考虑品牌信用度。由此可以得出：

$(x_1, y_1) \geqslant (x_2, y_2) \Leftrightarrow x_1 > x_2$ 或者 $x_1 = x_2$ 且 $y_1 > y_2$

这表明，当消费者对清真认证的接受度 $x_1 > x_2$ 时，消费者会选择第一个商品。当不同商品上的清真认证本身的市场信用度相同时，则消费者通过对不同的品牌属性进行评价，当消费者对第一商品品牌属性的评价高则最终仍选择第一个商品。

由此可见，穆斯林消费者对于清真食品的选择两阶段模型体现在：穆斯林消费者是凭借产品否通过清真认证来迅速形成其决策备选集，进入第二个阶段时，食品的"清真"属性依然是穆斯林消费者考虑的首要指标，因此采用字典序决策规则，对食品的清真认证本身信用度以及食品的属性进行评估，清真认证本身信用度高的则进入下阶段判别，在清真认证信用度一致的情况下则根据其品牌属性排序，选择品牌属性评价最高的产品。由此也不难看出，清真食品认证本身会降低消费者的信息搜寻费用也就是交易成本。在没有清真食品认证时，穆斯林消费者判断商品是否是"Halal"，需要花费大量的时间，综合考虑生产经营者的身份、生产食品的工艺以及食品的成分等，并且由于清真食品的信任品属性依然会无法获取全部信息从而面临巨大风险，而清真食品认证以及清真食品认证制度则通过清真食品认证标识降低了消费者的交易费用。而在消费者具体决策过程中，由于存在不同清真食品认证机构所颁发的认证，消费者依然面临选择，当清真食品认证本身种类繁杂，又会增加消费者的选择难度。假定清真认证标准统一，且消费者对清真食品认证认可度高的时候，则消费者更需要关注的是具体的食品属性。而对具体集合内部的产品属性的判断过程，消费者事实上经过长期的购买经验以及其他外部信息，会对集合内产品的品牌形成整体评价，也就是品牌经济学中所说的品牌信用[①]，消费者不需要对品牌（产品）的单独属性逐次做出评价，而选择整体品牌信用高的产品就可以。这也是消费者行为学中的情感参照决策原则（affect referal dicision rule），这种决策方法使得决策过程更为简化，节约了消费者

[①] 在品牌经济学中，品牌信用是指品牌承诺某种单一利益点以及实现该承诺的程度。

的选择成本。①

二 非穆斯林消费者选择两阶段模型

对于非穆斯林消费者而言，食品清真与否本身不是其购买必选项，而仅仅是其食品购买过程中考虑的一个因素。② 因此在消费者选择两阶段模型中，清真食品认证在其购买决策程序以及重要性都有别于穆斯林消费者。

如前所述，消费者的决策过程可以简化为两个步骤，也就是消费者择优备选集合的形成，以及在备选集合内部进行最终决策两个阶段。而在第一阶段中，由于非穆斯林消费者本身没有信仰或者民族风俗习惯的内在约束，因此是否是清真食品本身对其并不重要，因此是否获取清真食品认证不是进入非穆斯林消费者择优备选集的"门槛"。同时，食品属于快消品（packaged mass consumption goods）③，消费者一般会重复购买，由此在消费者根据其购买食品的具体需求以及过去购买经验与知识中积累而形成的品牌唤起集合本身就成为其食品购买的择优备选集。

在对市场所有产品进行精简后，消费者依然需要从备选集合中选择出最终购买的产品，由此消费者会对其集合内部所有产品品牌属性做评估。

消费者可通过所掌握的信息对不同品牌进行评估。同时假定，在备选集中的食品除了有品牌信息外，还有其他相关质量信息，而清真食品认证则属于消费者认为重要的质量信息。④ 假定在消费者备选集中的产品，除了品牌信息外，还存在其他各种质量信息，假定消费者将清真认证视为一重要质量信息。为了简化决策过程，进一步假定备选集内只存在两个商品，分别属于不同的品牌以及清真认证信息。

则$(x_1, y_1) \geqslant (x_2, y_2) \Leftrightarrow x_1 > x_2$ 或者 $x_1 = x_2$ 且 $y_1 > y_2$

在这里，x 代表的是品牌信用，而 y 代表清真认证信息。当消费者对第一个商品的品牌评价 x_1 高于第二个品牌的品牌信用 x_2 时，即 $x_1 > x_2$，则消费者会选择第一个商品。当消费者对两个商品品牌属性评价一致的时

---

① 根据品牌经济学，选择成本是指消费者在花费交易成本，建立了消费者择优的备选集后在择优过程中所耗费的消费者时间精力的综合。而品牌的信用度越高则其消费者选择成本越低。

② 清真认证食品对于非穆斯林消费者而言，更多属于其购买食品决策中的一个质量属性。

③ 快消品是指那些使用周期短，易重复使用的产品，一般属于消费者日常消耗品，多指食品、个人日化产品等。

④ 在这里假定购买清真食品的非穆斯林消费者认为清真认证食品的质量优于一般食品质量。

候，即 $x_1 = x_2$，则消费者会考虑认证信息。当第一个商品有清真食品认证信息而第二个商品没有清真食品认证信息时，或者当消费者对第一个清真认证的认可度高于第二个清真认证的认可度时，则 $y_1 > y_2$，消费者依然会选择商品1。

根据分析可见，由于清真食品对于非穆斯林而言，并不是必需品，因此在食品购买过程中，是否经过清真认证不是其所考虑的首要因素，因此在消费者选择两阶段模型的第一个环节备选集的形成并没有以此为筛选指标，而在形成了精选子集后，消费者在决策过程中也依然将商品的品牌因素作为第一考虑要素，而清真认证是作为质量的补充信息，作为次要因素进行评估并做出最后选择。

当然，在这里对非穆斯林消费者的购买决策是一般性描述，并没有包括对清真食品有绝对偏爱或者是某些追求清真风味的特殊原因的购买状况。① 这种特殊状态的购买决策可以等同为穆斯林消费者购买决策过程。

综上所述，清真食品本身具有"普适性"，其消费者不仅仅局限于穆斯林，同时也包括风俗习惯类似的犹太消费人群以及其他非穆斯林。而由于不同人群购买清真食品的动机不同，其消费者购买决策也有相应区别。基于宗教约束以及风俗习惯的穆斯林消费者人群购买，食品的"清真"特性是其考虑的首要因素，也是形成决策备选集合的先决条件；而非穆斯林消费人群对于清真食品的选择则是非必需的，其决策唤起集合的形成首先取决于产品本身的品牌，"清真"特性仅仅属于食品的一个质量信息，在消费者决策第二阶段发挥作用。根据穆斯林消费者的两阶段选择模型不难看出，一方面企业要重视清真食品认证，要选择被市场所认可和接受的清真认证机构，确保消费者对于清真食品合法合规性的客观要求；另一方面企业在保证其产品质量后最终要靠品牌获取消费者，以赢得顾客。利用品牌这一符号，传递企业能为消费者所提供的物质利益和情感利益，降低消费者所感知的风险以及其他非货币支出，从而获取高于市场平均价格的产品溢价。而根据非穆斯林消费者两阶段选择模型可以看出，"清真"食品被其接受，首先是产品品牌本身被消费者接纳，其次则在于"清真认证"对于非穆斯林消费者能被接纳成为重要的产品质

---

① 在特定时候，非穆斯林消费者特意购买清真食品。如消费者旅游而购买具有民族风味特色的食品。

量信号。由此可见，虽然穆斯林消费者与非穆斯林消费者的消费决策机制不同，但是对于清真食品而言，"清真食品认证"被市场的接纳程度以及产品品牌对消费者的影响力都构成清真食品被消费者最终选择的两个重要方面，这也为后续清真食品发展策略研究提供了理论依据。

第五章 清真食品品牌溢价机制分析

对于生产厂商而言，追逐利润是其天性。但是利润的获取在过剩经济条件下，需要的是被消费者选择和认可。清真食品信任品特征，对消费者的选择过程和决策方法也产生了影响，对于清真食品消费者而言，总是面临着清真食品认证与食品品牌的双重选择。或者说，是对于清真本身的选择以及对于具体的品牌的选择，由此清真认证与食品品牌如何影响不同消费者的决策在第四章已做分析，本章则对二者与清真食品溢价的关系做进一步剖析。

第一节 清真食品认证与溢价

由于穆斯林人口的迅速增长，清真食品市场也被视为极具增长性与吸引力的市场。根据《清真杂志》估计，国际清真食品市场年销售额逐年递增26亿美元。不仅仅是穆斯林人口占据很大比重的马来西亚、新加坡以及泰国等东南亚国家注重对于食品的"Halal 认证"以促进贸易，美国、英国、荷兰、加拿大、新西兰等西方国家也重视本土清真食品市场的开发以及清真食品对外贸易的开发。对于食品生产厂商而言，其产品获取清真食品认证是进入这一市场的"通行证"和前提条件。对于消费者来说，清真食品认证是将食品纳入其备选集的先决条件，同时在最终的购买决策中，其"清真"属性也是消费者评判和抉择的重要指标。而对于非穆斯林消费者而言，清真食品认证信息代表着一种高质量信息，或者是特殊风味食品的外显特征。根据台北进出口商业同会统计资料表明，中国台湾经过清真认证后的商品出口至穆斯林市场，其价格上涨1倍。[①]

[①] 如在中国台湾市场销售的罐装味噌产品，价格为65新台币，经清真认证后销售至马来西亚，则售价约为135新台币。

清真食品认证相当于认证机构用自身信誉担保认证产品的"Halal 属性",也是食品生产厂商进入清真食品市场的准入证。清真食品生产厂商通过认证行为以及清真食品认证标识向穆斯林消费者传递其食品的"Halal"安全性(证明其成分及生产过程是符合伊斯兰教法规定的),是一个外显性的质量信息。

根据第四章关于消费者选择的分析可以发现,对于穆斯林消费者而言,清真食品认证本身成为产品进入备选集的标准,消费者通过食品外部的清真认证标签,从而快速判断出是否可以食用,而无须消费者自身去获取厂商具体的生产流程以及食品具体成分。因此,清真食品认证简化了消费者的信息搜寻费用,也就是降低了清真食品的交易费用。

清真食品认证除了可以帮助消费者迅速形成备选集减少清真食品的交易费用之外,在消费者最终决策阶段也成为一个重要的质量指标。虽然在穆斯林与非穆斯林的属性择优顺序中不同,但是也可以通过这种方式简化择优过程,并提升产品的信用度。[①]

清真食品认证可以以"质量信号"的方式来降低消费者信息搜寻费用,但是清真食品标准的不统一以及认证本身的不规范性则会抵消这种效用。

假定市场上充斥着 N 个清真食品认证机构,其各自清真认证的标准不统一,且有不同的清真认证标识,那么消费者需要对所有清真认证依次做评估,由于在清真认证本身的选择中就花费了大量的时间,最终降低消费者对"清真食品认证"这一质量信号的认可度,甚至会扭曲消费者选择——增加消费者的信息搜集成本,因此在这种状况下,获取清真食品认证并不意味着一定会被消费者选择,也更不意味着企业进入清真食品市场就会获取更高的利润。

如前所述,清真食品标准的不统一以及清真食品监督的多头管理和认证本身的不规范性会降低消费者对"清真食品认证"这一质量信号的认可程度,从而会抑制和扭曲消费者选择,最终会导致消费者降低对清真食品的需求以及保留价格,从而降低诚信经营的清真食品生产厂商的利润。因此,建立起安全、公平有信誉的清真食品认证制度是清真食品市场有效运行以及保护消费者与生产厂商利益的基础。

[①] 非穆斯林消费者虽然不会受到宗教或者风俗习惯的影响,对食品类型有限制,但是清真认证根据伊斯兰教法的严格操作,除去对卫生、安全一般性的质量保证外,生产加工参与人员的信仰本身可以增加食品信任度。

但是即使建立健全了清真食品认证制度，统一了认证标准，消费者对清真食品认证本身认可，也并不意味着凡是经过清真认证的食品均可获取溢价。

清真食品认证本身是产品进入清真食品市场的"许可证"，当消费者认可清真食品认证本身所具备的外显性特殊质量信号功能时，可以为消费者节约信息搜寻费用，从而消费者可以向生产厂商让渡一部分信息费用。换句话说，被消费者所认可的清真认证作为质量标志在短期内会为生产厂商带来溢价。但是，这种溢价的前提是清真食品市场的供应无法满足市场需求，清真食品市场本身有增长空间。但是从长期看，只要清真食品市场本身利润大大高于一般食品市场，由于资本逐利性，大量厂商和品牌会通过认证这一方式获取资质，进入到清真食品市场。根据经济学基本原理，假定进入清真食品市场仅需获取清真食品认证而不考虑其他因素，那么当整体清真食品市场利润水平高于平均利润水平时，就会刺激新的厂商进入市场，而在这个过程中，清真食品市场则趋于完全竞争，最终会使利润逐步趋向于零。此时厂商无法获取超额利润，其产品也不存在溢价。

即使在清真食品市场并没有达到充分竞争时，也就是市场中不存在足够多的市场供应者，根据伯特兰模型（Bertrand model）的理论，只要不是绝对垄断，在即使仅有两个厂商的状况下，仅依据清真食品认证完全同质化的产品也会无法获取溢价收入。

假定消费者对清真食品认证均是认可的，且市场上有且只有同一种清真认证。清真食品市场上有两家生产厂商 A 和 B，其生产的产品无差异且均经过清真认证，其单位产品生产成本相同 $C_A = C_B = C$。生产厂商为市场价格制定者，同时两家厂商所供应的产品数量可以满足所有的消费者，消费者可根据价格进行购买决策（消费者选择二者价低的买入）。则需求函数表示如下：

$$D_i(P_A, P_B) = \begin{cases} D(P_A) & P_A < P_B \\ \frac{1}{2}D(P_i) & P_A = P_B \\ D(P_B) & P_A > P_B \end{cases}$$

(5.1)

从需求函数可以看出，当 A 厂商的价格高于 B 厂商，则消费者都只购买 B 厂商的产品，而当 B 厂商的要价高于 A 厂商则消费者均选择 A 厂商的产品。而当双方要价相同时，则两个厂商各自占据一半的市场份额。

其利润函数为：

$$\pi_i = D_i(P_A, P_B)(P_i - C) \tag{5.2}$$

而根据厂商利润最大化原则分析，要价高的生产厂商因为没有市场份额，其无法实现销售却支付了生产成本，因此一直有降价的驱动，直至双方达成均衡价格。而只要生产者定价高于成本，则均有降价空间，直至其价格与成本相等，均衡方可出现。此时，$P_A = P_B = C$，$D_A = D_B = \frac{1}{2}D$，将其代入利润函数，则：

$$\pi_i = D_i(P_A, P_B)(P_i - C) = 0$$

由此可见，即使在清真认证标准统一并被消费者所接受为质量信号时，凡是经过认证的食品均被消费者视为同质产品。因此，当厂商 A 的价格高于厂商 B 的价格，则其商品无法出售，则厂商 A 利润 = 0，当厂商 A 的报价和厂商 B 的报价相同，则最终结果是厂商 A 和厂商 B 各占市场份额的一半（双方均摊需求总量）。在双方的不断博弈中，最终会导致清真食品生产厂商的售价 P = 成本 C，两个厂商的最终经济利润 = 0。

这种由于厂商销售商品同质，通过叫价模型，当一方叫价高于边际成本时，则另一方会选择降低价格以扩大销售量，最终双方则达成竞争均衡，其价格等于边际成本的模型被称为伯特兰模型，这也称为伯特兰悖论。[①] 由此证明当商品完全同质时，只要存在一个以上的供应厂商，最终都会形成以边际成本为销售价格的竞争均衡，其厂商经济利润为 0，无法获取高于一般产品的利润。

食品经过清真认证后，假定外部已建立起安全稳定的清真食品市场环境，没有外部干扰，解决了信号传递问题，矫正了市场价格配置的扭曲，此时经过清真认证的食品就代表高质量食品，会比一般商品有更高的价格。根据资本的逐利性，清真食品整体的高利润会使其他食品制造企业不断涌入，并且想办法提升自己的质量水准以达到清真食品标准，其结果是伯特兰悖论。最终经济利润为 0，即使市场上仅仅有两个寡头垄断企业最终也会伯特兰均衡。由此可见，清真食品认证本身不能为清真食品生产厂商带来溢价。

---

① 伯特兰模型是由法国经济学家约瑟夫·伯特兰（Joseph Bertrand）于 1883 年建立的，属于价格竞争模型。

第二节 基于霍特林模型框架下的清真认证食品差异化

伯特兰模型的基本假设前提是市场没有需求不足状况以及生产厂商所生产的产品是均质无差异的。从清真食品市场来看，在短期内，只要清真食品市场依然具有增长性，则为清真认证的溢价保留了空间。[①] 但是从长期看，清真食品市场的高回报率会不仅仅吸引原有的在位清真食品生产厂商进一步扩大生产规模，同时还会吸引其他企业进入这一市场。如在实践中，国际知名品牌雀巢、麦当劳、正大以及国内的大型非传统清真食品供应商涌入，如春都、双汇、思念等都投入了大量资金通过了清真认证进入到清真食品市场。随着外部大量企业通过获取"清真食品认证"的进入，清真食品市场的竞争水平趋于激烈，而统一的认证标准的确立使得市场内部所有企业所生产的清真食品在"清真"（Halal）这一基本属性上对于消费者而言趋同。换句话说，生产厂商所生产的清真食品在"清真"性这一重要质量指标上看是无差异的，从而最终导致厂商之间的价格竞争引发利润下降的趋势，而解决的方式就是产品差异化。以下以霍特林模型来分析。

假定清真食品市场抽象为单位线段，其消费者在线段上均匀分布，同时假定市场上有两家生产厂商，其生产的产品在质量上是无差异的，消费者是价格接受者。

由图 5-1 可见，经过清真认证后，清真食品市场有两家生产厂商，厂商 A 和厂商 B。厂商 A 位于 a 点（$a \geq 0$），厂商 B 位于 $1-b$ 点（$b > 0$），为了便于表述，进一步限定厂商 B 一直在厂商 A 的右边，即 $1-b-a \geq 0$。假定位于两个厂家之间的 m 的消费者，厂家 A 与厂家 B 产品的质量、功能对于他是无差异的，但是消费者除向厂商支付价格外，还要支付企业产品价格外的成本。品牌定位之间的偏移则相当于消费者支付的不满足成本，设其单位成本为 t，消费者情感利益定位与产品的品牌定位之间距离正相关。则为 td，为了数学上便于处理去除负数的情况，因此对距离

[①] 根据"阿拉伯国家联盟"（League of Arab States）内部资料，目前国际清真食品市场的主要问题不是需求不足，而是达到标准的清真食品供应不足。

采取二次型的处理，也就是对于 A 企业而言，其价格外支付成本为 $t(x-a)^2$。对于 B 企业而言，消费者购买的产品其价格外支付成本为 $t(1-b-x)^2$，则对于位置介于厂商 A 与 B 之间，$a+m$ 点的消费者而言，其支付成本应满足：

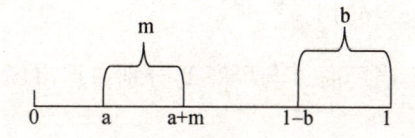

图 5-1 清真食品市场霍特林模型示意图

$$P_A + tm^2 = P_B + (1-b-a-m)^2 \tag{5.3}$$

解得：

$$m = \frac{1-b-a}{2} + \frac{P_B - P_A}{2t(1-b-a)}$$

也就是对于消费者而言，除了支出价格之外，还须支付二次型形式的位置差异成本，其中 $t(t>0)$ 为位置差异的单位成本。

需求函数为：

$$D_A(P_A, P_B) = x = a + \frac{1-b-a}{2} + \frac{P_B - P_A}{2t(1-b-a)} \tag{5.4}$$

$$D_B(P_A, P_B) = 1 - x = b + \frac{1-b-a}{2} + \frac{P_A - P_B}{2t(1-b-a)} \tag{5.5}$$

假设清真食品生产厂商的成本相同 $C_A = C_B = C$，则清真食品生产厂商利润函数为：

$$\pi_A(P_A, P_B) = (P_A - C)D_A(P_A, P_B)$$
$$= (P_A - C)\left[a + \frac{1-b-a}{2} + \frac{P_B - P_A}{2t(1-b-a)}\right] \tag{5.6}$$

$$\pi_B(P_A, P_B) = (P_B - C)D_B(P_A, P_B)$$
$$= (P_B - C)\left[a + \frac{1-b-a}{2} + \frac{P_A - P_B}{2t(1-b-a)}\right] \tag{5.7}$$

求 $\pi*$，则令其一阶导数为 0

$$\frac{\partial \pi_A}{\partial p_A} = a + \frac{1-a-b}{2} + \frac{P_B - 2P_A - c}{2t(1-a-b)} = 0$$

$$\frac{\partial \pi_B}{\partial p_B} = b + \frac{1-a-b}{2} + \frac{P_A - 2P_B - c}{2t(1-a-b)} = 0$$

其二阶导数满足最大值条件，则

$$P_A^* = c + t(1-a-b)\left(1 + \frac{a-b}{3}\right)$$

$$P_B^* = c + t(1-a-b)\left(1 + \frac{b-a}{3}\right)$$

从中可以看出，当厂商 A 与厂商 B 分别占据市场两端时，即 $a = b = 0$，$1 - b = 1$

则，其均衡价格为，

$P_A^* = P_B^* = c + t$

而均衡利润为 $\pi_A \times = \pi_B \times = t/2$

由此可见，清真食品厂商获取的利润除了与厂商的位置相关还与差异化单位成本相关，t 越大，则利润越高。

而当厂商 A 与厂商 B 不存在任何差异时，也就是其设厂位置相同，即 $a = 1 - b$，则又陷入伯特兰模型的悖论中。

经过清真食品认证后的产品在"清真"属性上质量无差异，而清真食品如果仅仅依靠认证，无法长期取得溢价，反而在不存在供应不足状态下以及产品同质化严重的情形下最终经济利润等于 0。因此生产厂商在只要存在竞争的情形下，应采取差异化策略，而在产品质量水平一致的情形下，清真食品的信任品特征，使消费者很难从中判别差异，因而从长期看，由品牌特性而提供给消费者所感知的不同的利益属性，满足不同消费者偏好则是厂商获取产品溢价的根本解决方式。

第三节 清真食品品牌的溢价机制

一 品牌溢价与品牌资产

西方关于品牌溢价的理论是基于品牌资产理论的。而品牌资产则与消费者感知密切相关。商品经济社会，企业生产产品的最终目的是被消费者购买与消费，而产品品牌则是生产企业生产的产品能为消费者提供的利益的信号。产品品牌价值的体现与提升，关键就在于使得消费者降低所感知的风险与支出，提高消费者所感知的利益获得，由此促使消费者能够不假思索地选择、购买、消费产品，使企业实现其生产成本的弥补以及利润的获取。

随着经济由"紧缺经济"逐步过渡为"过剩经济"，经济学者更注重于对产品差异化以及品牌的研究，并逐步发现品牌本身可以为企业获取利润。而早期的品牌资产（brand equity）的消费者有为此品牌支付价格溢价的意愿。关于该品牌产品的过去经验比其他信息能更快从消费者记忆中提取出来。

Leuthesser（1988）、Sribastava 和 Ruekert（1994）等都先后提到了品牌资产这一概念，他们指出，品牌资产就是品牌带给产品的额外的收益。Shoeker 和 Weitz（1988）分别从企业以及消费者感知两方面分析了品牌资产。其后，Keller（1993）则专注于其定义为基于消费者可感知的品牌资产。在后期西方学者的进一步研究中，品牌溢价概念逐步被统一化为 CBBE（customer based brand equity）基于顾客的品牌资产概念。

对于顾客感知的品牌资产（品牌溢价）的研究，主要从信息经济学的角度和消费者心理及消费者行为学的角度，二者在品牌资产（溢价）与消费者感知风险和信息成本的降低的因果关系中观点不同。信息经济学家着重于研究在信息不对称条件下，产品品牌作为信号可以降低消费者的信息成本以及提高消费者期望效用（Farquhar，1989）。换句话说，他们认为消费者可感知的品牌资产（溢价）是源自于品牌发挥信号功能为消费者带来的价值。在这一研究框架体系中，信息经济学家对于品牌溢价的研究重点在于通过声誉模型证明了品牌是如何起到信号传递作用的（其运作机理是品牌是需要企业长期持续投资，而企业的产品一旦被消费者发现有欺诈作为，则消费者会动用惩罚机制，那么企业的品牌投资则无法回收）。在扩展研究中，品牌不仅仅作为产品外部的质量信号，还包含了产品的定位以及厂商产品与其他产品的差异性和特性。而消费者心理和消费者行为学家的研究则认为，消费者可感知风险的降低以及信息成本的减少是品牌资产形成的结果而非原因，由此，品牌忠诚度（即消费者反复购买行为）本身就是品牌资产的一个组成部分（Aker，1991）。

二　清真食品品牌溢价机制

研究清真食品品牌溢价机制要从消费者选择入手，结合消费者心理与行为学的消费者选择理论以及信息经济学中的消费者效用理论可以得出消费者感知品牌资产效用方程为：

$$U = -\omega_p P - \omega_c C + \omega_A A - r\omega_A \sigma_A^2 \qquad (5.8)$$

式 (5.8) 代表消费者可感知的品牌资产效用。其中，P 代表消费者为品牌所支付的价格（品牌溢价）；C 代表消费者选择该品牌产品所支付的非价格成本，具体包括信息搜寻、品牌选择等所花费的时间、精力、体力等其他货币及非货币支出，A 代表消费者所感知的品牌利得（也就是品牌属性）；$\sigma_A^2 = E[A - E(A)]^2$ 代表品牌属性的方差，反映了消费者所预期的品牌属性的实际状况和预期状况的波动；ω_P 代表价格支出在消费者感知效用中的系数；ω_C 代表消费者非价格成本在消费者感知效用中的系数；ω_A 代表品牌属性在消费者感知效用中的系数。[①] 设定 ω_P，ω_C，ω_A 均为正数。r 代表风险系数，假定消费者为风险厌恶，因此：$r > 0$。

为了进一步简化分析，假定其各系数为 1，则：

$$U = -P - C + A - r\sigma_A^2 \qquad (5.9)$$

同时，令 $U \geq 0$，则可得：

$$-C + (A - r\sigma_A^2) \geq P$$

这里的 P 就代表由于消费者感知的品牌资产所带来的品牌溢价，即消费者由于购买该品牌产品而愿意支付超过同质量水平下其他产品的价格增值。而对于清真食品生产厂商而言，也就是求溢价最大化的问题——$\max(P)$。其中，影响溢价的三个因素分别为：消费者购买该品牌产品所支出的非价格成本，消费者所感知的品牌属性（利益），以及该品牌利益与实际不符的风险。具体分析如下：

（1）对于消费者购买该品牌产品所支出的非价格成本而言，清真食品品牌在其产品通过认证后，则进入了备选集，假定清真认证本身是有效且同一的，则消费者所承担的成本为选择成本，即在形成备选集后，对集合内部的品牌（产品）衡量所花费的时间，选择成本以 C_c 来表示，即 $C = C_c$，而 C_c 可以写成关于品牌信用度 B 的函数，$B \in [0, 1]$，其函数关系表示如下：

$$C = f(B), \quad 且 \frac{\partial C_c}{\partial B} < 0 \qquad (5.10)$$

[①] 设定系数的原因是考虑到不同消费者对价格支出或者非价格支出以及品牌属性带来的利益等方面的敏感程度是不同的。

即选择成本是品牌信用度的减函数,当 $B=1$ 时,$C_c=0$,当 $B=0$ 时,则 $C_c \to +\infty$。

(2) 消费者所感知的品牌属性是清真食品溢价的主要来源,其可以表示为品牌功能性属性与情感属性的函数,其函数关系如下:

$$A = g(m, e) \tag{5.11}$$

式 (5.11) 中的 m 表示为消费者所感知的品牌的功能属性(功能性利益),而 e 则表示为消费者所感知的品牌情感属性(情感利益)。同时假定 $\frac{\partial e}{\partial A}>0$,$\frac{\partial m}{\partial A}>0$。对于清真食品品牌而言,由于其产品已进行过清真食品认证,因此其功能属性(物理属性)在这里被认为是与其他清真认证后产品无差异的,而带来消费者可感知的并且有差异的品牌属性则来自于情感属性。根据品牌经济学原理,可改写为:

$$A = g(m) \tag{5.12}$$

假设

$$A = g(m) = \frac{e}{1-e},\ e \in [0, 1] \tag{5.13}$$

(3) 品牌风险与品牌信用负相关。除考虑消费者感知的清真食品品牌利益属性外,还需要考虑品牌风险。也就是消费者所感知的品牌利益承诺与实际直接的差别。即:

$$A - r\delta_A^2 = BA$$

将式 (5.13) 代入,得

$$A - r\delta_A^2 = BA = B \times \frac{e}{1-e},\ B \in [0, 1] \tag{5.14}$$

从式 (5.14) 中看出,品牌信用以及品牌承诺的情感利益对于消费者的影响最终决定了消费者所感知的品牌利益与风险。品牌信用越高,则消费者感知风险越低,而品牌承诺的情感利益对消费者影响越大,则消费者感知的情感利益越大。特别地,当 $B=1$,即品牌信用度最高,品牌无风险,且 $e=1$ 时,品牌带给消费者的感知利益趋向于无穷。

具体品牌溢价的基本机制可见图 5-2。

综上所述,对于清真食品品牌而言,其消费者所感知的清真食品品牌效用与品牌本身的品牌属性以及品牌信用度正相关。高品牌信用度并且能给消费者提供更高情感利益的品牌对于消费者而言,其效用高,因此,消费者愿意承担的品牌溢价容忍度也相应升高;品牌信用度与消费者所承担的非价格成本负相关,与消费者所感知的品牌属性正相关,与消费者可感知的品牌风险负相关。由此可见,品牌信用决定了消费者所感知的品牌资产,当品牌信用$B>0$时,消费者所感知的品牌资产效用$U>0$,此时消费者愿意支付高于同质量其他产品的更高价格,即$P>0$。当品牌信用度$B=1$时,则其选择成本为0,其品牌所带来的消费者利益趋于无穷(当然这是一种理想状态,事实上,不存在在情感上如此有强烈依赖性的食品),同时,其风险趋向于0。由此可见,消费者所感受的消费者效用趋向于无穷,则其愿意为该品牌支付的超过相同质量产品的溢价空间很大。

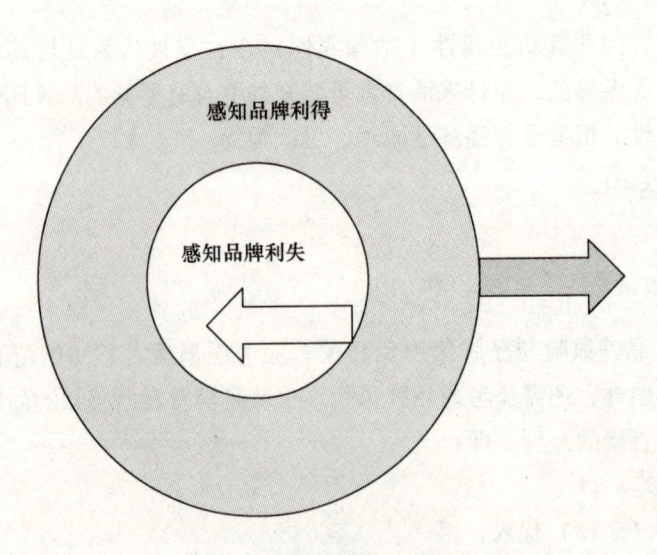

图 5-2 品牌溢价示意图

因此,清真食品品牌凭借其品牌信用及对消费者的利益承诺可以带来溢价。同时,以上所述关于清真食品品牌溢价的讨论是建立在清真认证本身是统一高效的,因此认证后的清真食品本身质量无差异的基础上分析,并不涉及清真食品认证本身。假定清真认证本身无效,那么清真食品品牌还同时具备质量信号的功能,其品牌所蕴含的消费者可感知的物质利益贡献率则会增高。同时上述分析并未涉及清真食品品牌自身与清真认证之间的信用关系以及匹配度之间的分析,这一部分内容在第七章中做分析。

清真食品消费者所感知的品牌信用度 B 和品牌属性 A 本身并不是一成不变的,而是随着消费者根据自身经验以及生产厂商品牌策略变化给出的信号以及其他外部相关信息(如广告、其他消费者告知、政府或第三方信息披露等）变化而变化，这就是消费者学习及反馈机制。

假定清真食品消费者在购买后，发现该食品质量出现问题，则会调低对相应品牌的品牌利益以及品牌信用度的评价，从而最终影响此品牌的溢价能力，甚至会导致消费者拒绝购买此品牌。相同地，除了消费者的实际经历以外，其他外部信息来源也会影响消费者对品牌的认可度及评价。当有品牌负面信息出现时，会影响到消费者下一期的品牌选择。因此，对于生产企业而言，维护消费者所感知的品牌资产，是企业获取长期溢价的基本前提。面对市场上众多的产品，消费者实际上可以通过随机选取品牌购买来获取品牌的相关信息，通过抽样选取，消费者或许有机会购买到比以往购买的产品更优的品牌，但是同时消费者也面临着成本与风险。经过反复购买和一段时期的积累，消费者会积累足够多的信息来选择品牌，其分界点在于消费者在这一阶段所累积的信息使得其选择的品牌的收益等于消费者所面临的风险，此时学习阶段就结束（学习驱动降低），消费者则在其形成的备选集合中进行选择。也就是消费者频繁进入市场，在不掌握足够信息量的初期会选择购买尝试不同的品牌来获取及积累信息，而最终经过多轮次后消费者则会进入程序化的选择（也就是当其尝试新品牌的风险高于其收益的时候），此时消费者会形成一定的品牌子集（选择备选集合）。然而这样的购买选择程序以及消费者学习阶段会重新更新，当有新的品牌引入、品牌有新的定位以及子集内部的品牌的利益属性发生变化的时候，消费者会重新启动学习状态。因此，消费者已认可的清真食品品牌生产商对于消费者可感知品牌资产的维护是需要持续稳定的品牌产品高质量和正确一致的品牌策略的。以下说明不同时期的信息变化对消费者可感知的品牌利益影响。

假设消费者在 t 期根据其本期所获取的信息 I 对品牌属性的期望值为 $E[A_t | I(t)]$，

其中，$I(t)$ 代表消费者在 t 期所获得的信息。

而根据贝叶斯消费者学习理论框架体系，消费者当期对品牌属性感知可由上一期消费者对品牌属性感知加上其他信息变更的变化，其他信息变化主要源自上一期的消费者购买经历以及其他外部相关信息（如企业广告、其他消费者告知、政府或第三方披露数据等），可表示如下：

$$E[A_t | I(t)] = E[A_t | I(t-1)] + D_1\alpha_1\{A_t - E[A_t | I(t-1)]\} + D_2\alpha_2\{S_t - E[S_t | I(t-1)]\}$$
(5.15)

其中，$E[A_t|I(t)]$表示消费者对于第t期信息条件下，消费者可感知品牌属性的预期值；$I(t-1)$表明消费者上期所获取的信息；$A_t - E[A_t|I(t-1)]$代表对消费者在购买经历后所感知的品牌属性与$t-1$期所预期的品牌属性之间的变化；$D_i(i=1, 2)$则服从0，1分布，其中D_1代表消费者$t-1$期是否购买过该品牌的产品，如果购买则$D_1=0$，如果没有购买，则$D_1=0$；D_2则代表在$t-1$期消费者是否获取了有关该品牌的新信息，如品牌的品牌策略发生变化，新的广告，第三方机构关于此品牌的公开数据，其他消费者的口碑等，如果有则$D_2=0$，如果没有变化则$D_2=0$；$\{S_t - E[S_t|I(t-1)]\}$就代表上一期消费者获取的外部信号的变化；α_1和α_2分别代表影响系数，是影响因子，其中α_1代表的是消费者自身经历对品牌属性的影响，α_2则代表消费者从外部获取信息所带来的影响系数。由此可见，品牌是厂商和消费者直接长期形成的利益均衡，因此厂商对其品牌资产的维护也必须是长期行为。其中，无论是消费者购买经历的自身体验外部其他渠道所带来的品牌信息的变化都会引发消费者启动学习程序，从而最终影响消费者对品牌的认知。当清真食品品牌出现负面信息后，最终会影响消费者感知的品牌利益属性，同样也会降低品牌的信用度，最终原品牌带来的产品溢价就无法实现。"三鹿"奶粉的"三聚氰胺事件"导致该品牌的彻底死亡，则是现实中的极端实例。对于清真食品品牌而言，由于食品安全的重要性以及清真食品天然的信任品属性，使得消费者对于品牌信息的变化更加敏感。

综上所述，从清真食品的消费者两阶段模型来看，清真食品消费者面临着清真食品认证与清真食品品牌的二元选择。其中，清真食品认证本身是一个质量信号。当清真食品认证本身是规范有效的，对于非穆斯林消费者而言，食品的清真属性是非必需的，但是清真食品本身制作过程的严格以及"合法、健康、佳美"的内在特质，使清真食品认证本身可以承担一个食品质量信号的职能，从而影响所有消费者最终的选择。在食品的生产经营者与消费者之间信息不对称情况下，清真食品认证对于非穆斯林消费者而言也可以降低其所感知风险，减少消费者选择成本。而对于穆斯林消费者而言，食品的"合法合规"是其选择所必需的，则清真食品认证成为食品"Halal"属性外部质量信号，而为穆斯林消费者节约了信息搜寻费用，从这一点而言清真食品认证可以为厂商带来利润的增加。但是，由于资本逐利性，随着大量企业通过认证进入清真食品市场，在供需逐步达到平衡后，清真食品生产厂商的产品如果均为同质的，则最终会导致厂商的经济利润为0，因此清真食品认证不能长期为厂商带来超额利润和产品溢价，最终消费者是根据食品品牌来选择产品并支付溢价的。而清真食品品牌溢价主要是受到清真食品品牌带给消费者的品牌属性以及品牌信用度的影响。品牌信用度越高，消费者的选择成本及风险成本越低，消费者感知的品牌利益越高，则消费者所获取的品牌资产效用越高，特别是当品牌在消费者心目中的品牌利益很高，成为自我认知和社会认知的一部分，则该品牌在消费者心目中不可替代程度加深，消费愿意支付的溢价增加。当然本章对品牌溢价的讨论重点在于，通过品牌带给消费者的效用增高，消费者愿意承担的价格溢价空间增大，由此产生品牌溢价。在现实中，由于价格策略的不同，厂商不仅仅可以通过提高销售价格的方式获取利润；同时也可以通过与市场同类产品相同定价的方式，进一步增加消费者品牌感知效用，以扩大市场份额的方式增加利润总额。

第六章 基于有限样本的清真食品消费者态度实证研究

清真食品的消费者包括穆斯林消费者和非穆斯林消费者。根据前面的理论分析，消费者对清真食品的购买决策面临着清真食品认证和清真食品品牌的双重选择。穆斯林消费者由于信仰或是习惯，清真认证是其考虑的首要因素；而对于非穆斯林消费者，清真认证信息本身也可以成为食品的安全质量信号。为了更加明晰地剖析出消费者对清真食品、清真食品认证的态度以及消费者购买决策和承担清真食品溢价意愿的内在机制，本章针对不同类型的清真食品消费者进行了问卷调查，并在调查数据的基础上通过 Logit 分析法、主成分因素分析法以及结构方程法对清真食品消费者态度进行了实证研究。

第一节 方法与数据来源

一 数据来源

本书针对清真食品消费者态度，采用实地调研发放问卷和在线发放问卷相结合的方法。由于清真食品涉及的消费者包括穆斯林消费者与非穆斯林消费者，特别是对于穆斯林消费者人群需要有一定针对性，且资料相对分散不容易获取，因此在问卷发放过程中采用了"滚雪球"调研抽样（snowball sampling）[①] 的方法，调查问卷收集研究数据。在发放问卷对象上，考虑到样本更具代表性，舍弃了相对容易获取的在校学生资料，而采用在线发放以及清真食品购买场所实地发放相结合的形式，以使研究样本

---

① "滚雪球"抽样属于非概率抽样的基本方法之一。具体操作方法为选取若干个具有所需特征的人为最初的调查对象，然后再依靠他们提供另外一些属于所研究目标总体的调查对象，根据所形成的线索选择此后的调查对象。依此类推，样本如同"滚雪球"般由小变大。

在地理空间分布更具分散性,确保样本数据的多元化和代表性。本书通过前期大量的文献阅读,参考不同学者对于食品安全、品牌、消费者态度的相关基础理论以及调研问卷和量表,同时根据本书前期研究获取的理论基础,设计并修正问卷。该问卷总体设置为:清真食品认知度,食品安全信心,清真食品认证及溢价认可度等几个维度,既包括清真食品消费者基本特征,也包括消费者认知态度的不同纬度调研;既有量表化封闭性问题为后期数据处理和分析做准备,旨在针对全国不同地区消费者对清真食品认证制度及其溢价的态度进行调研和量化分析,又有开放性问题以便更深层次了解和分析消费者态度形成的原因以及为后续深度访谈做准备。基于回收的问卷数据,本书运用 SPSS 21.0 和 AMOS 21.0 软件,对量表进行了结构优化,数据统计和量表分析。

本书运用多元回归方法,对消费者个体特征、教育水平、收入状况等因素和消费者对清真食品认可度,清真认证接纳度以及清真食品溢价承担意愿等因素进行了相关分析。采用主因子分析法,筛选主要的影响因子,并将上述因子设计到一个结构方程模型中,并提出概念模型。以期评价各因子对清真认证及其溢价承担意愿的贡献度,探讨其中的实证关系。

二 调查问卷的设计

由于针对清真食品消费者态度的研究和相关文献较少,本书通过前期文献整理,借鉴了相关有机食品、绿色食品、食品安全以及品牌个性、消费者品牌选择的相关研究,以及本书前期关于清真食品的消费者选择以及清真食品溢价的理论分析作为问卷设计的基本理论基础和框架,设计调查问卷。在具体量表性问卷的设置中,参照了 Erdem & Swai(1988)关于消费者品牌感知度的量表以及 Chuadhuri(2002)关于品牌声誉和消费者选择的量表以及 Hem L. E.,de Chernatony L.,Iversen N. M.(2003)关于消费者对品牌延伸风险感知的量表及维度设计,针对本书的特殊性和研究目的进行了问卷结构和题目构建。该问卷的衡量工具采用李克特 5 分量表法(Linkert Scale),多项选择排序和语言描述相结合。以期在最大限度上给受访者提供表达便利,节约被调查人员时间并对反馈信息进行收集。李克特量表用来收集和量化被采访者对选项的态度信息。1 表示完全不可接受/不认可/不同意,2 表示不接受/不认可/不同意,3 表示一般/不置可否/没有感觉,4 表示接受/认可/同意,5 表示非常接受。在量表设计过程中,先后在小范围内实施预测四次,根据填写者反馈和数据结果预演,对量表题目进行了筛选与修正,最后用修正后的正式量表进行调研。

本书运用 SPSS 21.0 软件对问卷回收的样本数据进行统计分析,以及问卷的信度、效度评估。在此基础上,我们对问卷进行了结构优化和重新设计。

第二节 数据概览

问卷调查最终获得问卷 268 份,剔除非正常信息收集(填写错误)的样本 3 份,信息缺失样本 3 份。最终回收的有效样本数量为 262 份。从样本的地理来源分布看,除青海省、重庆市以及中国台湾省之外,其他省份均有样本分布。从被调查对象的统计结果看:男性样本 118 份,占比 45.04%;女性样本 144 份,样本占比 54.96%。调查样本的年龄主要分布在 20—29 岁和 30—39 岁,其比例分别为 57.25%、31.30%,这一年龄段的消费者具有较强的购买能力。从民族分布状况来看,汉族及非其他非穆斯林少数民族样本 137 份,样本占比 52.29%;回族及其他穆斯林少数民族样本共回收问卷 125 份,样本占比 47.71%。从样本数量上来看,总样本数介于 200—500,符合 Schumacker 和 Lomax(1996)对于结构方程最优样本数的要求。而根据 Kling(1998)的研究,结构方程样本数高于 100,参数就可靠,Mueller(1997)也支持相同观点。而本书最终有效问卷根据穆斯林和非穆斯林消费者的划分,分样本数量也均在 100 份以上,因此样本数额可以支持后续进一步分析。

由于涉及消费者食品支出和购买态度,因此在消费者特征中对消费者的收入状况和食品支出状况也做了相应调研。被调查样本的月食品支出多为:500—1000 元,占 38.17%;1001—2000 元,占 32.44%。月收入多分布在 2001—5000 元,占 45.04%;5001—10000 元,占 28.62%。

由数据可以看出,调查问卷在样本的选择上具有较好的覆盖度和典型性。其年龄、民族、学历组分分布较为均匀,基本能够涵盖不同民族、信仰、教育背景的消费者。具体数据详见表 6-1 和图 6-1。

表6-1 消费者个人情况调查

分类		人数（人）	比例（%）	分类		人数（人）	比例（%）
性别	男	118	45.04	民族信仰及宗教	非伊斯兰信仰的民族	137	52.29
	女	144	54.96		伊斯兰信仰的民族	125	47.71
年龄	0—19岁	2	0.76	月收入	1000元以下	10	3.82
	20—29岁	150	57.25		1001—2000元	21	8.02
	30—39岁	82	31.30		2001—5000元	118	45.04
	40—55岁	23	8.78		5001—10000元	75	28.62
	55岁以上	5	1.91		10000元以上	38	14.50
教育背景	初中及以下	5	1.91	食品支出	500元以下	33	12.60
	高中	16	6.11		501—1000元	100	38.17
	专科	46	17.56		1001—2000元	85	32.44
	本科	109	41.60		2001—4000元	42	16.03
	研究生及以上	86	32.82		4000元以上	2	0.76

资料来源：问卷统计数据。

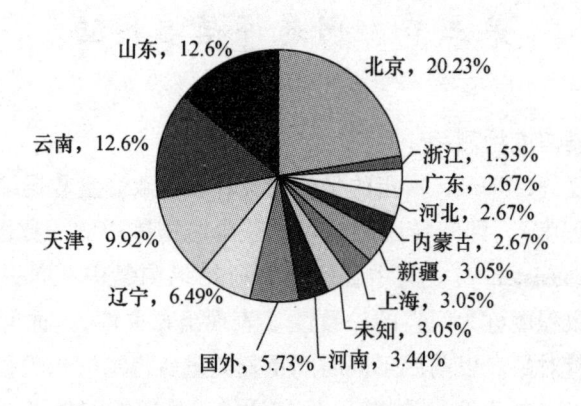

图6-1 调查样本来源区域分布图

资料来源：问卷统计数据。

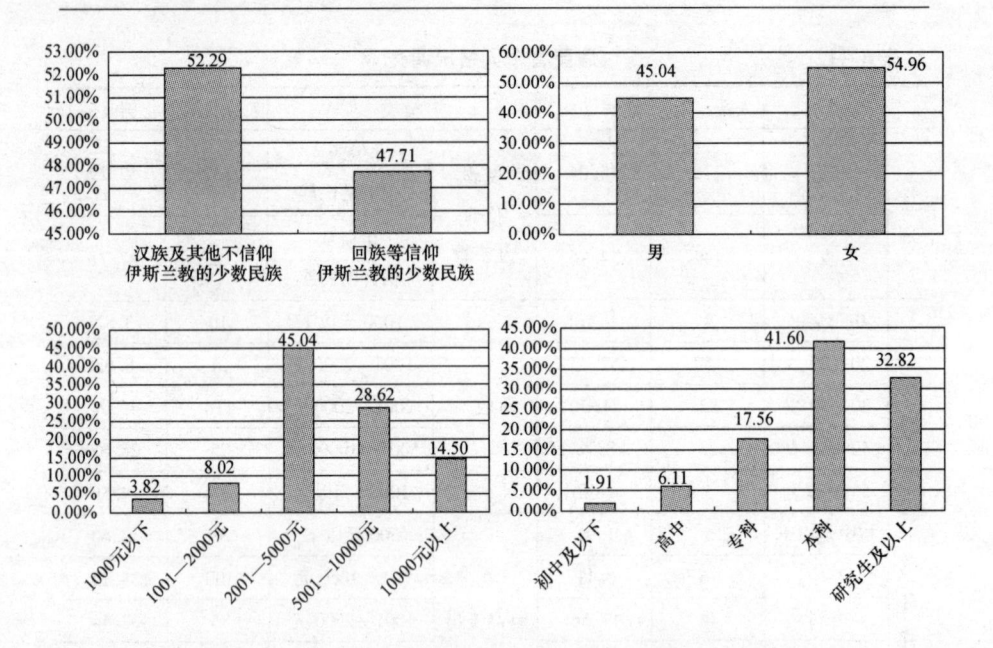

图 6-2　问卷中的样本民族、性别、收入、教育信息分布图

资料来源：问卷统计数据。

第三节　问卷评估与检验

一　问卷信度检测

问卷信度（reliability）指的是问卷设计而导致测量数据结果的可靠程度（确定性程度），即问卷调查结果所获得数据体现的一致性（stability）和稳定性（consistency）。其中在问卷调研结果测量中，同一类型个体所表现出的一致程度称为问卷的一致性（表现出相关性）。而问卷调研在针对相同的测量对象，以前后不同时间重复测量所得出的相关程度被称为稳定性（不同节点的答案一致性）。换句话说，良好的问卷可以经得起重复测试，当重复测试数据结果差异性小，同时对于同类型的对象其结果呈现出正相关，则证明这一问卷有较强的可靠性，可以以该问卷为出发点，开展相应的统计调研工作。

问卷本身就属于数据的测量工具。而检验这一测量工具是否可靠，在实践中常使用内部一致性度（inernal consistency reliability）以及再测信度

(test – rest reliability) 检验。再测信度是着眼于同一问卷重复性测试结果的稳定性；而内部一致性度则可以反映出问卷项目间的相关程度，针对"清真食品消费者态度问卷"的相关量表，本书采用了常用的内部一致性"克伦巴赫 alpha"（Cronbach's α）系数检验法①检验，其中 α ∈ [0, 1]。对于 α 系数的判别，学者根据实际通常使用以下标准：Nunally（1978）、Devellis（1991）等均认为 α = 0.7 是量表可以接受的边界值，其中，当 α ∈ [0.7, 0.8) 时，表明该量表可以接受；当 α ∈ [0.8, 0.9) 时，说明量表信度比较高；当 α ∈ [0.9, 1] 时，表明量表有非常高的信度。事实上，在用于探索性的社会学研究中，学界会将 α 系数的边界值界定放宽。项总计相关系数 CITC（Correated Item – Total Correlation）被用来评价问卷中单个指标的可靠性程度，其中要求 CITC 系数大于 0.5。

通过 SPSS 21.0 对调查问卷中涉及食品安全，清真食品品牌及其认证溢价的题目进行分析得到的 Cronbach's α。从表 6 – 2 中可以看出，参与信度评估的 11 个项，其总体 Cronbach's α 值为 0.755，大于学界认为的 0.70 的临界值。从表 6 – 2 中可以看出，除了 T7、T8、T22 之外，其余题目均同时大于临界值要求（CITC 系数大于 0.5）。其中，T7、T9 的 CITC 和临界值比较接近（分别为 0.431、0.412），考虑到这两个题目调查的内容为"对当前食品安全的重视度"，"对当前食品安全的整体评价"，两题具有一定的特殊性，很难达成较高的一致，且该两题的 Cronbach's α 值均大于临界值（0.7 < α < 0.8），故这两题不予删除。T22，考察的内容为"清真食品购买便利度"。它的 CITC 值为 0.010，基于此，在后续的分析中，该题目仅作为调查数据保留。

二 问卷的效度检测

效度是指问卷（测量工具）在多大程度上能反映出所测量的理论的概念，考察目标为测量值和真实值是否一致。测量结果与真实值之间的差异越小则体现的效度越高。如果测量工具体现的效度越高，则说明测量工具更为真实有效，更能够反映出测量目标的特征。效度一般分为三种类型：建构效度、实用效度以及内容（表面）效度。

内容效度指的是测量工具对检测目标的适用性，考察测量工具是否切

---

① 这是内部一致性度的一种检验方法。由 Cronbach 1951 年创用，α 系数越高则代表量表内部一致性越好，常用于李克特量表。

表6-2 可靠性统计量

Cronbach's α	基于标准化项的 Cronbachs's α	项数
0.755	0.745	11

项总计统计量

	项已删除的刻度均值	项已删除的刻度方差	校正的项总计相关性	多相关性的平方	Cronbach's Alpha 值
T7	37.52	37.063	0.431	0.103	0.754
T8	38.08	39.326	0.043	0.050	0.785
T9	38.35	35.701	0.412	0.439	0.761
T10	38.34	31.154	0.690	0.564	0.701
T12	37.81	33.724	0.525	0.250	0.734
T14	38.57	31.694	0.589	0.458	0.712
T15	38.37	31.582	0.538	0.562	0.717
T18	38.31	30.208	0.561	0.460	0.712
T22	39.52	38.718	0.010	0.043	0.786
T23	38.41	29.928	0.683	0.634	0.696
T24	38.23	30.961	0.586	0.454	0.710

资料来源：调查问卷统计数据。

合科研内容的主题。该效度指标表征的是测量工具是否能够完成在测量范围内的代表性取样。对内容效度的评估方法通常分为专家评价法和统计分析法（评分者信度、半折信度等）。

建构效度可以反映出测量工具（量表）能够测量理论的概念或特质的程度，也可以称为理论有效度。具体又可以分为区别效度（discriminant validity）和聚合效度（convergent validity）两个指标。区别效度反映的是排他性，也称之为分歧效度（divergent validity），这类效度是指在不同概念下，最终测量结果直接相关程度较低。聚合效度则反映整体高度相关性，当测量同一多重指标彼此间聚合或有关联时，就有此种效度存在。对于建构效度的分析，本书采用载荷因子分析法。对建构效度进行分析，一般情况下，以0.5作为载荷因子判定临界值。载荷因子越大，说明该题项具有更高的聚合效度。

本书采用 SPSS 21.0 对问卷中的指标进行基于主成分分析法的效度分析以期取得调查量表的建构效度。采用 KMO 样本测度[①]和巴雷特球形度

---

① KMO 是 Kaiser – Meyer – Olkin 的取样适当性量数，KMO $\in$ [0, 1]。当 KMO 越大，则表示变量的共同因素越多，变量间的净相关系数越低，越适合因素分析。

检验（Bartlett's Test）两个指标对获得的数据进行检验，并确定其是否适合作为因子分析。在因子提取过程中，我们选择特征值大于1的特征值，采用最大方差法进行因子旋转来验证指标的归类。其中载荷因子测量度取值为：KMO∈[0.9，1]时，表示题项与变量直接的关系极其好。KMO∈[0.7，0.9）比较适合做因子分析。KMO∈[0.5，0.7）可以尝试做因子分析。KMO∈[0，0.5）则属于无法接受的。同时，当巴雷特球形度检验值已达显著水平时，则说明总体的相关矩阵有共同因子存在。

（一）对"食品安全现状评价"的效度分析

在问卷中，提取T7、T8、T9三道题目的数据进行效度分析。这三道题目分别对T7食品安全的重视度、T8现状评价、T9食品安全支付意愿进行考察。以期检验是否可以利用这三道题目，对参加问卷测试的消费者对当前食品安全的认知状况做一了解。检验结果如表6-3，KMO验证值为0.652，处于可接受区间，尚可以接受以下三个变量作为因子进行分析，并作为模型假设研究的验证。

表6-3 "食品安全现状评价" KMO 和 Bartlett 的检验

	取样足够度的 Kaiser - Meyer - Olkin 度量	0.652
Bartlett 的球形度检验	近似卡方	12.543
	df	3
	Sig.	0.006

资料来源：问卷统计数据。

由表6-4可知，该因子效度检验中，通过主成分分析法，得到了两个大于1的特征值。其方差分别为：40.266%和33.828%，所以，变量"食品安全现状评价"是一个"双维度"变量。

表6-4 "食品安全现状评价" 解释的总方差

成分	初始特征值			提取平方和载入		
	合计	方差的（%）	累计（%）	合计	方差的（%）	累计（%）
1	1.208	40.266	40.266	1.208	40.266	40.266
2	1.015	33.828	74.093	1.015	33.828	74.093
3	0.777	25.907	100.000	—	—	—

注：提取方法：主成分分析。

资料来源：问卷统计数据。

由表 6-5 可知，通过主成分分析法分析后，T9 和 T7 属于第一因子，T8 属于第二因子（载荷因子大于 0.6）。从题目的设置来看，第 9 题考察的是"高安全度食品支付意愿"，第 7 题考察的是"食品安全重视度"。第 8 题考察的是"对当下食品安全现状的评价"。由此分析可知，食品安全的重视度和安全食品溢价承担意愿有较大的关联。对食品安全的评价与安全食品溢价支付意愿之间的维度联系被分割，其中的原因可能跟消费者特质有关。其中的联系有待于在后续的结构方程验证过程中深入研究。

表 6-5　　　　　"食品安全现状评价"因子载荷成矩阵[a]

	成分 1	成分 2
T9 高安全度食品支付意愿	0.789	0.054
T7 食品安全重视度	0.705	-0.441
T8 食品安全现状的评价	0.297	0.904

注：提取方法：主成分分析法。a. 已提取了两个成分。

资料来源：问卷统计数据。

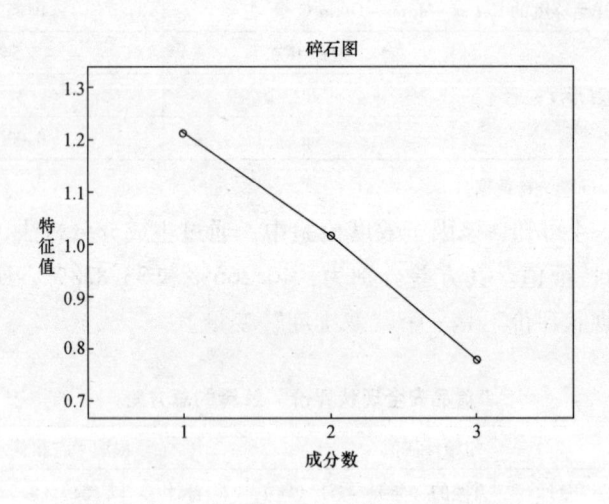

图 6-3　消费者对"食品安全现状评价"的碎石图

（二）"清真食品认证认知度"的效度分析

问卷中，T12、T14、T18 三道题目分别对消费者对 T12 清真认证的态度、T14 清真食品安全度，以及 T18 清真认证标志认知利用，进行考察。

我们提取这三道题目获得的数据，进行效度分析。以期对这三道题目的效度进行检验。检验结果见表6-6：KMO值为0.627，符合该变量作为因子进行后续分析的要求。

表6-6　　　　"清真食品认证认知"KMO和Bartlett的检验

取样足够度的Kaiser-Meyer-Olkin度量		0.627
Bartlett的球形度检验	近似卡方	121.770
	df	3
	Sig.	0.000

资料来源：问卷统计数据。

从表6-7可知，主成分分析验证检验结果显示，该组观测变量得到了一个大于1的特征值，其方差为59.969%。由于只出现了一个主成分因子，后续分析并不需要因子的旋转检验。所以，"清真食品认证认知"是一个单一维度的变量。从表6-8中可以看到，"清真食品认证认知"变量中的观测因子的载荷值均大于0.6。由此可见，该变量中的四个指标都较好，全部予以保留。

表6-7　　　　"清真食品及认证认知"解释的总方差

成分	初始特征值			提取平方和载入		
	合计	方差的（%）	累计值（%）	合计	方差的（%）	累计（%）
1	1.799	59.969	59.969	1.799	59.969	1
2	0.710	23.680	83.648	—	—	—
3	0.491	16.352	100			

资料来源：问卷统计数据。

（三）"清真食品购买决策"变量的效度分析

问卷中，T22、T23、T24、T25四道题目分别对"清真食品购买便利度"、"清真食品购买优先度"、"专业清真食品厂商信赖度"、"清真认证食品溢价接纳区间"四个指标进行考察。利用这四个指标相应的调查数据，我们进行了这四个指标的结构效度分析。其中，KMO指数为0.502，

表6-8　　　　"清真食品认证认知"因子载荷成矩阵

	成分
	1
T12 清真认证的态度	0.613
T14 清真食品安全度	0.772
T18 清真认证标志认知利用	0.763

资料来源：问卷统计数据。

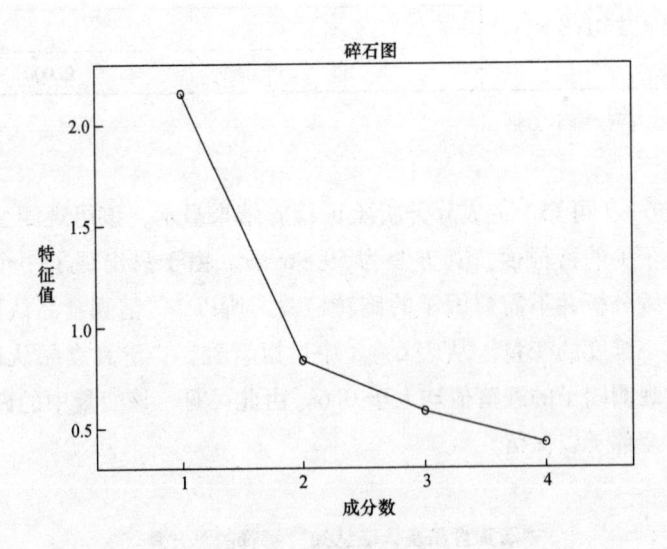

图6-4　"清真食品及清真认证认知"的碎石图

刚刚达到KMO≥0.5的临界值。我们认为这四个指标构成的变量，可以尝试作为因子分析。

表6-9　　　　"清真食品购买决策"KMO和Bartlett的检验

取样足够度的Kaiser-Meyer-Olkin度量		0.502858
Bartlett的球形度检验	近似卡方	140.7871
	df	6
	Sig.	6.48×10^{-28}

资料来源：问卷统计数据。

主成分分析验证检验结果显示（见表6-11），该组观测变量得到了两个大于 1 的特征值,其累计方差分别为 41.805% 和 25.057%。见图 6 - 5 左图,从第二个指标开始,曲线趋于平稳。我们选择前两个变量进行因子定义。从表 6 - 10 可以看出,T23、T24 属于第一因子,T22 属于第二因子,T25 在两个因子区间都未能表现出有效的载荷值,这个变量将不参与后续的因子分析,仅做交叉统计处理。

表 6 - 10　　　　"清真食品购买决策"旋转成分矩阵

	成分	
	1	2
T22 清真食品购买便利度	0.009	0.995
T23 清真食品购买优先度	0.896	-0.11
T24 专业清真食品厂商信赖度	0.826	-0.01
T25 清真认证食品溢价接纳区间	0.423	0.076

资料来源:问卷统计数据。

表 6 - 11　　　　"清真食品购买决策"解释的总方差

成分	初始特征值			提取平方和载入		
	合计	方差的(%)	累计(%)	合计	方差的(%)	累计(%)
1	1.672	41.805	41.805	1.6722	41.805	41.805
2	1.002	25.057	66.863	1.0023	25.057	66.863
3	0.967	24.187	91.051	—	—	—
4	0.357	8.948	100	—	—	—

三　相关系数的检验

本书采用 SPSS 21.0 中的皮尔逊相关系数分析法,检验问卷变量之间是否存在直接关联。对除了个人特质(T1—T7)之外的变量之间的关系进行了整体检测。在问卷效度分析中,被剔除的变量 T25,未出现在本测试中。(见表 6 - 12)

分析结果显示,除 T8 外,大多数参与分析的变量都在 99% 和 95% 的置信区间内,存在相关性关系。从相关系数的范围来看,各变量之间的相关系数均不为 1,且小于 0.85。从测量数据来看,各个变量中不含有重合观测的内容,都具有显著的测量内容区别。

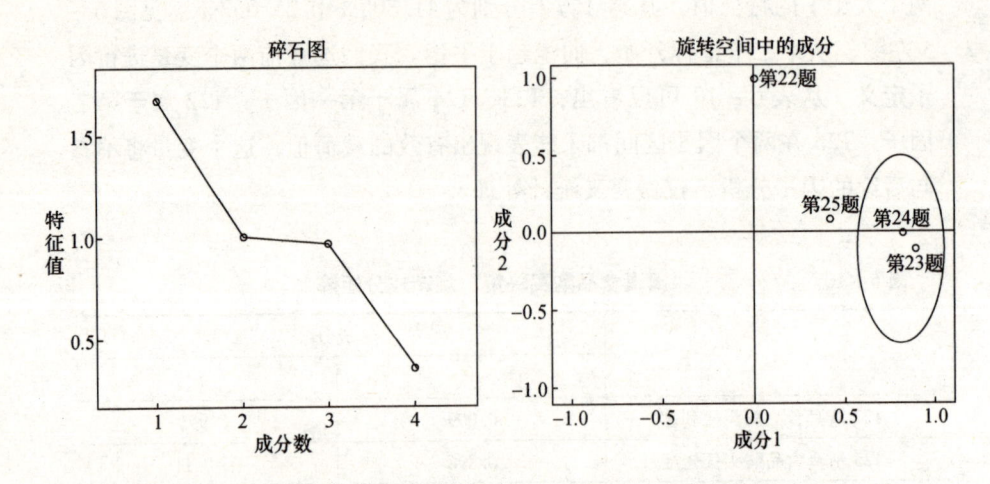

图6-5 对"清真食品购买决策"碎石图（左）和旋转矩阵图（右）

综上所述，从信度、效度等几个指标来说，本书设计的清真食品消费者态度调研问卷具有较好的信度和效度，同时具有较好的观测效率。可以为后续的 Logit 和结构方程模型分析提供可用的数据基础。

四 消费者对"清真认证认知"影响因素的分析

（一）影响清真认证认知态度的因素

清真食品具有强烈的信任品属性，其对于穆斯林而言是生活必需品，甚至是虔诚穆斯林的义务或习惯。但由于其成分及制作过程中的特殊要求，清真食品被赋予强烈的信任品属性。消费者是极其复杂的社会群体，其个体之间的差别迥异。同时，对清真认证的认知态度，在不同消费者之间存在较大差异。这些差异是诸多因素共同作用的结果。其中可能的因素包括：

1. 消费者个体特征

主要包括：性别、年龄、收入、教育等。其中性别左右了消费行为的主体，一般女性更多地负责家庭采购，对食品、食品安全、价格等采购选择条件有更为深刻的认知。

教育水平也可能直接决定了消费者在食品采购过程中的信号选择。同时，教育背景越好，对食品的选择标准可能越高，对"清真食品"的禁忌性和信任品特性可能会有更深的理解。信仰或民族属性则是最重要的，清真食品是穆斯林消费者的生活必需品。因此在消费者调研中设置了性别、年龄、教育、民族四个变量作为对该因子的考察。

表6-12　清真食品溢价相关变量的皮尔逊相关系数矩阵

相关性/显著性	T7	T8	T9	T10	T12	T14	T15	T18	T22	T23	T24
	食品安全现状评价					清真食品认证认知			对清真食品购买决策		
T7 食品安全重视度		-0.019	0.193**	0.160**	0.158*	0.084	0.116	0.167**	0.047	0.192**	0.136*
		0.762	0.002	0.010	0.010	0.177	0.061	0.007	0.449	0.002	0.028
T8 食品安全状况评价	-0.019		0.095	0.014	0.079	-0.029	-0.052	0.044	0.087	-0.016	0.037
	0.762		0.125	0.817	0.200	0.643	0.400	0.478	0.160	0.795	0.553
T9 食品安全溢价接纳度	0.193**	0.095		0.126*	0.127*	0.151*	0.575**	-0.018	-0.021	0.105	0.066
	0.002	0.125		0.042	0.041	0.014	0.000	0.777	0.730	0.091	0.289
T10 清真食品品牌认可	0.160**	0.014	0.126*		0.391**	0.556**	0.435**	0.561**	-0.002	0.666**	0.577**
	0.010	0.817	0.042		0.000	0.000	0.000	0.000	0.976	0.000	0.000
T12 清真认证的认知	0.158*	0.079	0.127*	0.391**		0.291**	0.177**	0.433**	0.053	0.326**	0.358**
	0.010	0.200	0.041	0.000		0.000	0.004	0.000	0.394	0.000	0.000
T14 清真食品安全度评价	0.084	-0.029	0.151*	0.556**	0.291**		0.408**	0.467**	-0.040	0.627**	0.423**
	0.177	0.643	0.014	0.000	0.000		0.000	0.000	0.518	0.000	0.000
T15 清真食品溢价接纳度	0.116*	-0.052	0.575**	0.435**	0.177**	0.408**		0.224**	-0.050	0.504**	0.356**
	0.061	0.400	0.000	0.000	0.004	0.000		0.000	0.424	0.000	0.000
T18 清真认证标查习惯	0.167**	0.044	-0.018	0.561**	0.433**	0.467**	0.224**		0.105	0.509**	0.518**
	0.007	0.478	0.777	0.000	0.000	0.000	0.000		0.091	0.000	0.000
T22 清真食品购买便利度	0.047	0.087	-0.021	-0.002	0.053	-0.040	-0.050	0.105		-0.075	0.007
	0.449	0.160	0.730	0.976	0.394	0.518	0.424	0.091		0.227	0.911
T23 清真食品优先选择度	0.192**	-0.016	0.105	0.666**	0.326**	0.627**	0.504**	0.509**	-0.075		0.594**
	0.002	0.795	0.091	0.000	0.000	0.000	0.000	0.000	0.227		0.000
T24 专业清真品牌优先选择度	0.136*	0.037	0.066	0.577**	0.358**	0.423**	0.356**	0.518**	0.007	0.594**	
	0.028	0.553	0.289	0.000	0.000	0.000	0.000	0.000	0.911	0.000	

注：* 表示在0.05水平显著相关；** 表示在0.01水平显著相关。

2. 消费者对食品安全重视度

近年来食品安全概念深入人心,对食品安全的评估和认知直接左右了消费者的购买决策和行为。购买食品时,厂商提供的质量信号是消费者对食品安全性评判的重要指标。相比食品生产厂商的自我声明,消费者对第三方认证给出的食品质量评判可能会有更高的安全信任度。因此,我们在调查过程中设置了 T8 食品安全状况评价和 T9 食品安全溢价接纳度两个变量对此指标进行考察。

3. 清真食品认知度

对清真食品的认知度,可能和清真认证的接纳度有直接的关联。由于清真食品的"Halal"属性,基于伊斯兰教法道德标准和严格的教法规则,纯正的清真食品具有较高的安全性。第三方的清真认证标识,作为具有信仰约束背景的认证机构实施的一种认证信号,可能会提高消费者对这一类产品的关注度。但是,作为非穆斯林消费者,对清真认证的认可,一定是建立在对伊斯兰教常识和清真食品特质的了解之上。我们设置了七个观测变量对其进行考察:T10 对清真食品品牌认可;T14 清真食品安全度评价;T15 清真食品溢价接纳度;T18 清真认证检查习惯;T22 清真食品购买便利度;T23 清真食品优先选择度;T24 专业清真品牌优先选择度。

(二) 变量的解释

根据上述分析,把可能影响消费者对"清真认证认知"的因素分为三类:消费者的个人特征(C),消费者对食品安全重视度(S)和清真食品认知度(H)。为了研究这三类因子对消费者对清真认证态度是否认同的影响,A_i 来自问卷中 T12,题目设置为:清真食品必须经过认证,该题目选项按照李克特量表设置为五个量级:1. 很不同意;2. 不同意;3. 一般;4. 同意;5. 很同意。该问卷的统计结果见表 6-13 和图 6-6(基于民族及信仰特征统计)。根据统计结果,我们将五个量级简并成认可和不认可,其中很不同意和不同意选项,简并为 1,即"不认可"。其他选项简并为 2,即"认可"。简并后,该问卷题目数据作为二元变量进入验证分析。

(三) 模型选择

消费者对"清真认证认知"影响因素模型:

$$A_i = f(C_i, S_i, H_i) + \varepsilon_i \tag{6.1}$$

其中,A_i 为第 i 个食品消费者对清真认证的认可态度。$f(C_i, S_i, H_i)$ 代表不同因素对认可度的影响,ε_i 为随机扰动项,代表不确定的其他因素对认可度的影响。

利用二元 Logistic 回归模型（binary logistical regression），进行回归计量分析。该分析具体的回归模型可以表述为：

$$\text{Log}\left[\frac{A_1}{A_2}\right] = a_0 + \sum_k b_k C_{ik} + \sum_L f_l S_{iL} + \sum_m z_m h_{lm} + \varepsilon_i \qquad (6.2)$$

其中，A_1 代表对清真认证不认可，A_2 代表认可，a_0 代表常数项。b_k、f_l、Z_m 均为回归系数。

（四）分析结果

将问卷中"清真认证认知"调查数据，以民族指标（第6题）为分类依据进行交叉统计。获得的统计结果见表6-13和图6-6。汉族及非伊斯兰信仰消费者中，有89人对清真食品必须认证表示认可（选择第4、5项），占总样本数的64.96%。回族及伊斯兰信仰消费者中，有116人做出同样选择，占总样本数的92.8%。另外，非穆斯林消费者和穆斯林消费者中，分别有37人和7人表示不置可否，11人和2人表示不同意。统计结果表明，绝大多数穆斯林消费者和超过半数的非穆斯林消费者，对清真认证均表示认同，认为清真食品需要认证。伊斯兰信仰消费者对清真认证的接纳度更高。这表明，清真食品的第三方认证，在穆斯林消费者和非穆斯林消费者中，都有需求。后续结果将对与之相关的变量进行深入分析。

表6-13　　　　　　　　　　"清真认证认知"的统计

	非伊斯兰信仰消费者		伊斯兰信仰消费者	
	人数	比例（%）	数量	比例（%）
1. 很不同意	5	3.65	2	1.60
2. 不同意	6	4.38	0	0.00
3. 一般	37	27.01	7	5.60
4. 同意	26	18.98	13	10.40
5. 很同意	63	45.98	103	82.40
总计	137	100	125	100

资料来源：问卷统计数据。

图6-6 "清真食品认证认知"调查结果

资料来源：问卷统计数据。

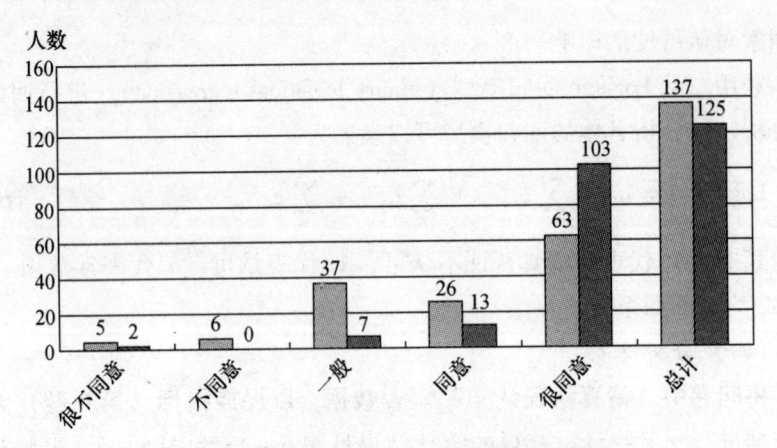

将问卷数据代入 SPSS 21.0 进行计算，综合检验系数显示（见表6-14）：模型的卡方值为85.863，由模型系数检验知，模型的卡方值较大，P=0.000，模型整体显著。因此，说明自变量对变量能够较好地作出解释。预测准确率分别达到73.1%和100%，这说明，该模型的预测效果比较理想。

表6-14 模型系数的综合检验

		卡方	df	Sig.
步骤1	步骤	85.863	16	0.000
	块	85.863	16	0.000
	模型	85.863	16	0.000

分类表 a 对清真认证的认知（T12）

		已预测		
已预测		1	2	百分比校正
T12	1	8	10	73.1
	2	0	249	100
总计百分比				96.2

a. 切割值为0.500

"清真认证认知"Logit 回归模型统计结果显示（见表 6-15）：个人特质因素中，变量"T4 收入"的系数检验值在 0.1 水平显著。食品安全重视度因素中，"T8 食品安全状况认知"和"T9 食品安全溢价承担意愿"两个变量分别在 0.1 水平显著。清真食品认知度因素中，"T18 清真认证标志查验习惯"在 0.1 水平显著。

表 6-15　　　　　"清真认证认知"Logit 回归模型变量

	B	S. E.	Wals	df	Sig.	Exp（B）
T1 性别	0.560	0.797	0.493	1	0.483	1.750
T2 年龄	-0.753	0.646	1.358	1	0.244	0.471
T3 教育	-0.156	0.474	0.108	1	0.742	0.856
T4 收入	0.696*	0.477	2.129	1	0.105	2.006
T5 食品消费支出	-0.100	0.533	0.036	1	0.850	0.904
T6 民族	-0.174	1.358	0.016	1	0.898	0.841
T7 食品安全重视度	0.118	0.400	0.087	1	0.767	1.126
T8 食品安全状况认知	0.911*	0.531	2.947	1	0.086	2.486
T9 食品安全溢价承担意愿	0.742*	0.406	3.351	1	0.067	2.101
T10 对清真食品品牌认可	0.241	0.581	0.173	1	0.678	1.273
T14 清真食品安全度更高	0.197	0.491	0.161	1	0.688	1.218
T15 清真食品溢价接纳度	-0.319	0.490	0.422	1	0.516	0.727
T18 清真认证标志查验习惯	0.752*	0.403	3.482	1	0.062	2.121
T22 清真食品购买便利度	0.391	0.422	0.859	1	0.354	1.478
T23 清真食品优先选择度	0.215	0.665	0.104	1	0.747	1.240
T24 专业清真品牌优先选择	0.252	0.379	0.444	1	0.505	1.287
常量	-6.809	3.664	3.454	1	0.063	0.001

注：***、**、* 表示在 0.10 水平统计显著；Exp（B）为发生比率，表示解释变量产生一个单位的变化或相对于参照类发生的变化以及发生比的变化。

在"消费者个体差异"因素中，仅有变量"T4 收入"的系数检验值在 0.1 水平显著，该变量的 Exp（B）值为 2.006。这说明收入在问卷设计的梯度变化中（1000、2000、5000、10000），每一个段位的变化，对清真食品认证的认知度提升 2 倍左右。值得关注的是，变量"民族"在方程中不显著。这说明，民族和信仰差异并不是影响"清真认证认知"

的主要因素。无论是不是穆斯林消费者，在收入提升之后，对食品品质的要求会自然提升，从而对"认证"之类的品质信号会有更高的要求和认知度。

"食品安全状况认知"因素中，"T8 食品安全状况认知"和"T9 食品安全溢价承担意愿"两个变量的显著且符号为正，清真食品认证认知和食品安全状况认知之间存在正向的相关性。这说明，认证后的清真食品具有较高的安全性这一事实，已经比较广泛地被人接受。这两个变量的 Exp（B）值分别为 2.486 和 2.101。与此同时，T9 变量考察的是溢价承担意愿，该变量的显著性也从另一个侧面印证了"收入"对"清真认证认知"的促进作用。

"清真食品认知"因素中，T18"清真认证标志查验习惯"这一变量在回归模型中显著。Exp（B）值为 2.121。该项指标的检测值与现实情况相符，习惯检查清真认证标志的消费者，相比无此习惯的消费者，对于清真认证认知的态度高 2.121 倍。在逻辑关系上，这个假设亦是成立的。该项检验结果也可以从另一个层面证明本模型的准确性和有效性。

五 "清真食品溢价接纳度"影响因素的分析

（一）研究内容

"清真食品溢价接纳度"是本书的核心内容，寻找与清真食品溢价承担意愿相关联的变量，有助于最终对清真食品溢价机制进行解释。从调查问卷的数据统计结果出发，对该因素及其关联的变量进行验证是本书重要的实证部分。基于此，在问卷中设置了一个观测变量，对参加问卷调查的消费者进行调查，该变量相关联的题目为："T15 清真食品溢价接纳度"。问卷考察内容为："假定清真食品安全度高，你是否愿意为其多支付费用？"

以民族为分析分类项的交叉统计结果见图 6-7，统计结果表明：回族及伊斯兰信仰消费者，选择"很愿意"和"愿意"承担溢价的，占总样本数的 80%。由此可见，基于教法规定和对清真食品制作过程、安全性的深入了解，穆斯林消费者对清真食品的溢价呈积极态度。汉族及非伊斯兰信仰消费者中，选择愿意和很愿意的消费者占总样本数的 44.5%，选择"一般"的占 37%。由此可见，汉族消费者对清真食品溢价总体呈"不排斥"的态度。

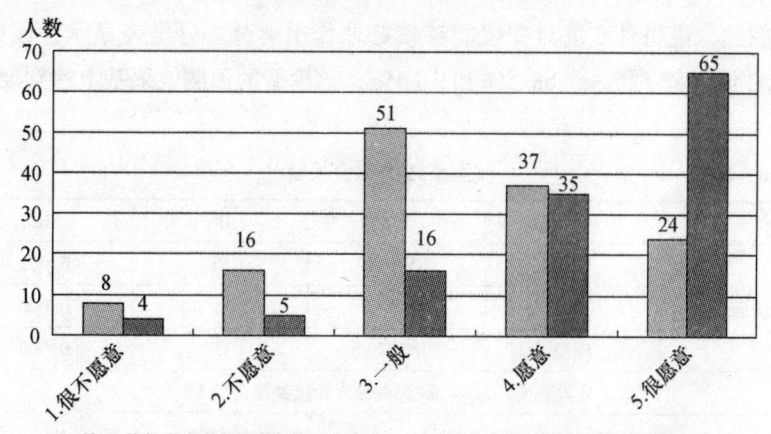

第六章 基于有限样本的清真食品消费者态度实证研究

图6-7 "清真食品溢价接纳度"调查结果

资料来源：问卷统计数据。

（二）变量的解释和模型的选择

和前文研究相同，我们把可能影响消费者对"清真食品溢价接纳度"的因素分为三类：消费者的个人特征（C），消费者对食品安全重视度（S）和清真食品认知度（H）。为了研究这三类因子对消费者对"清真食品溢价接纳度"（L）是否认同的影响，L_i 来自问卷中T15，题目设置为：假定清真食品安全度高，你是否愿意为其多支付费用？该题目选项按照李克特量表设置为五个量级：1. 很不同意；2. 不同意；3. 一般；4. 同意；5. 很同意。根据上述的统计结果，我们将五个量级简并成"认可"和"不认可"，其中1和2选项，简并为1，即"不认可"。其他选项简并为2，即"认可"。简并后，该问卷题目数据作为二元变量进入验证分析模型的选择基本与上文"清真认证认知"因素分析中采用的模型一致。

$$L_i = f(C_i, S_i, H_i) + \varepsilon_i \tag{6.3}$$

其中，L_i 为第 i 个食品消费者对"清真食品溢价"的认可态度。$f(C_i, S_i, H_i)$ 代表不同因素对认可度的影响；ε_i 为随机扰动项，代表不确定的其他因素对认可度的影响。

$$\text{Log}\left[\frac{L_1}{L_2}\right] = a_0 + \sum_k b_k C_{ik} + \sum_l f_l S_{iL} + \sum_m z_m h_{lm} + \varepsilon_i \tag{6.4}$$

将问卷数据代入SPSS 21.0进行计算，综合检验系数显示（见表6-16）：模型的卡方值为85.613，模型的卡方值较大，P = 0.000，模型整体显著。因此，说明自变量对变量能够较好地作出解释。分类表显示，该模型的预测准确率分别达到 68.5% 和 97.4%，该模型的预测效果基本达到要求。

表6-16 模型系数的综合检验

		卡方	df	Sig.
步骤1	步骤	85.613	15	0.000
	块	85.613	15	0.000
	模型	85.613	15	0.000

分类表 a 清真食品溢价接纳度（T15）

已预测		已预测		百分比校正
		1	2	
消费者对清真食品溢价接纳度（T15）	1	16	17	68.5
	2	6	223	97.4
总计百分比				91.2

a. 切割值为 0.500

"清真食品溢价接纳度" Logit 回归模型统计结果显示（见表6-17）：在消费者个体差异因素中，没有变量系数检验值在 0.1 水平显著，这与统计结果相符。在将观测变量 T15 简并之后，该变量和"消费者个体差异"因素（民族、教育、性别、收入）之间，并无显著关联性。由此可见，"清真食品溢价接纳度"和消费者特质关联不大。如果清真食品安全度更高，所有消费者群体对"清真食品溢价"都是可以接受的。

表6-17 "清真食品溢价接纳度" Logit 回归模型变量

	B	S.E.	Wals	df	Sig.	Exp（B）
T2 年龄	0.129	0.450	0.082	1	0.774	0.879
T3 教育	0.337	0.306	1.212	1	0.271	0.714
T4 收入	0.279	0.332	0.703	1	0.402	0.757
T5 食品消费支出	0.344	0.384	0.803	1	0.370	1.411
T6 民族	-1.098	0.867	1.602	1	0.206	0.334
T7 食品安全重视度	-0.365	0.322	1.289	1	0.256	0.694
T8 食品安全状况认知	-0.274	0.281	0.948	1	0.330	0.761

续表

	B	S. E.	Wals	df	Sig.	Exp (B)
T9 食品安全溢价承担意愿	1.534***	0.282	29.707	1	0.000	4.639
T10 对清真食品品牌认可	0.614*	0.401	2.345	1	0.106	1.848
T12 对清真认证的态度	0.025**	0.258	0.009	1	0.924	1.025
T14 清真食品安全度更高	0.581*	0.353	2.716	1	0.099	1.788
T18 清真认证标志查验习惯	-0.349	0.280	1.550	1	0.213	0.706
T22 清真食品购买便利度	0.045	0.271	0.028	1	0.868	1.046
T23 清真食品优先选择度	0.776**	0.375	4.278	1	0.039	2.173
T24 专业清真品牌优先选择	0.142	0.282	0.255	1	0.614	1.153
常量	-3.623	2.546	2.024	1	0.155	0.027

注：***、**、*分别表示在0.01、0.05、0.10水平统计显著；Exp（B）等于发生比率（odd. ratio），可以测量解释变量一个单位的增加给原来的发生比率所带来的变化。

"食品安全状况认知"因素中，"T9食品安全溢价承担意愿"一个变量显著且符号为正，这个变量的Exp（B）值为4.639。这说明"清真食品溢价接纳度"和T9之间存在正向的相关性。这说明，愿意承担食品安全溢价的消费者群体，对清真食品溢价也持有积极态度。其背后隐藏的寓意为，认可"安全食品溢价"的消费者，对清真食品的安全性也有较高的信任度。

"清真食品认知"因素中，T10对清真食品品牌认可，T14清真食品安全度更高，T23清真食品优先选择度3变量在回归模型中显著。Exp(B)值分别为1.848、1.788、2.173。T10变量说明，"清真食品认知"与"清真食品溢价接纳度"呈正相关。消费者对清真食品"佳美、洁净"属性的提高，有助于提升高清真食品溢价。T14变量显著亦在另外一个层面，体现了消费者对更高安全性的诉求。T23变量的显著，说明在清真食品采购过程中"情感因素"也是左右清真食品品牌溢价达成的主要原因。长期采购或只采购"清真食品"、"清真品牌食品"的消费者，在民族认同感的驱动下，对"清真食品溢价"持更为认可和接纳的态度。该变量在0.05水平显著，Exp（B）高于前两个变量。说明该因素在清真食品溢价形成过程中，有重要的作用。

食品购买选择信号利用特征统计：

在问卷调查过程中，T16和T17分别针对不同民族信仰的消费者，在食品采购过程中关注的采购信号进行了调查。调查结果如图6-8所示。穆斯林消费者关注的首选信号特征为"清真食品认证信息"。非穆斯林消费者关注的首选采购信号特征为"生产日期"。由此可见,出于民族认同感和宗教教法规定,清真食品的认证信息是穆斯林消费者的第一选择。对于非穆斯林消费者而言,"生产日期"作为首选信号,表明非穆斯林消费者对食品安全的关注要胜过其他因素。值得注意的是,累积选择度排名第二的信号是"食品品牌"。这说明,在食品采购的过程中,消费者对"食品品牌"这一类"厂家声誉信号"的关注度仅次于"认证信号"。

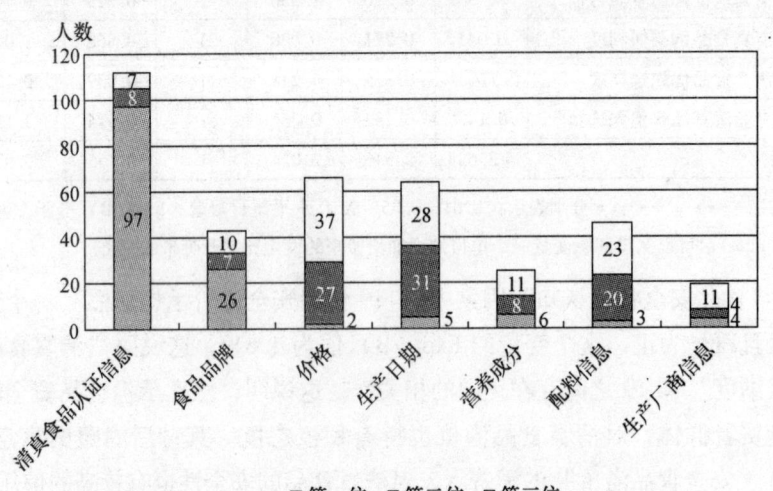

穆斯林消费者食品采购选择信号利用特征

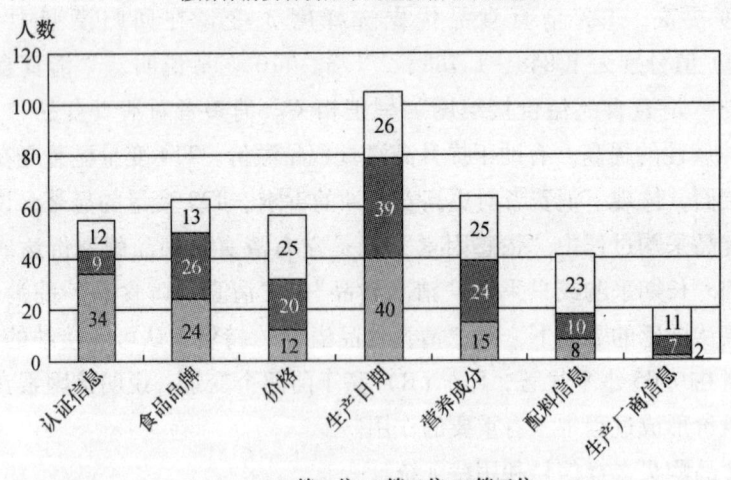

非穆斯林消费者食品采购选择信号利用特征

图 6-8 不同消费者利用信号特征图示

资料来源:问卷统计数据。

六 基于结构方程的"清真食品溢价过程"实证研究

（一）模型构建的思路

本书在研究国内外的影响因素经典文献的基础上，提出了"清真食品溢价过程"的潜变量模型结构。根据构建的理论模型，通过设计问卷对不同消费者对清真食品溢价态度的影响因素进行调查得到实际数据，并对书中所提出的"清真食品溢价"模型进行拟合、修正和解释，最终确立了本书测量模型的基础。本书将清真食品溢价机制与不同消费者及其行为之间相关联的不同维度即清真食品态度、清真食品溢价态度、清真食品购买决策，分别与教育、收入、民族、清真食品认知度、食品安全感知等潜在影响因素相关联，并基于此构建一个阐述其相互影响关系的综合性结构方程，讨论消费者特质、食品购买思路、食品安全信心等因素，对清真食品品牌溢价和清真食品品牌认证溢价的影响和其中的实证关系。通过对问卷收集到的潜变量及其维度因子进行路径量化分析，最终为清真产品品牌溢价对策的提出提供依据。

（二）清真产品溢价实证概念模型的研究假设

基于前文的研究，我们在清真食品品牌认证溢价获得消费者认可的过程中，提出了如下假设，并希望如下四个假设在结构方程中获得证明。

H1：消费者对食品安全有支付意愿。随着收入的提高和食品安全事件频发，消费者愿意承担具有较高安全性食品的溢价。

H2：消费者认为清真认证食品相对安全。由于清真食品的禁忌性和宗教教义规范，清真食品具有较高的安全性。普通食品中出现的地沟油、不合格材质等问题在清真食品中出现的概率较小。所以，对清真食品有一定认知的消费者，都认为清真食品较一般食品更安全。

H3：穆斯林消费者只食用清真食品，这是伊斯兰教赋予穆斯林消费者的饮食法则。（当然也包括民族习俗的固化）

H4：非穆斯林消费者对清真食品不排除：除了较高的安全性之外，清真食品由于其美好的口感、健康的营养组分，也受到非穆斯林消费者的欢迎，非穆斯林消费者也愿意食用清真食品，不排斥清真食品。

（三）潜变量的设定

通过对调研问卷实际状况和数据的分类筛选，以及相关文献的整理和研究分析，我们最终对概念模型设置了9个潜变量。

模型（见表6-18）中共包含9个因素（潜变量）；5个自变量，4个因变量。一共涵盖问卷中 16 个可观测指标。

需要特别说明的是：由于清真食品的禁忌性和信任品特性，民族习惯和信仰对购买行为的影响力是巨大的。所以我们将民族作为独立维度，以便于减少该变量对其他维度的背景值影响。收入和教育与品牌溢价之间的关系已有文献报道，但在清真食品这一特定的研究范畴中，尚未有人检验其中的关系。本书也将其列为独立的自变量，以便考察他们和清真食品、清真认证溢价之间的实证关系。为后续的针对性策略的提出，提供更为翔实的理论依据。

表 6-18　　　　　　　清真产品溢价实证模型变量解释说明

	潜变量	观测变量
自变量	教育 E	T2、T3
	收入 I	T4、T5
	民族 N	T6
	食品安全评价 Q	T7、T8
	食品安全支付意愿 W	T9
因变量	清真食品品牌认可 R	T10
	清真认证认知 Z	T12、T14、T18
	清真食品溢价接纳度 L	T15
	清真食品购买决策 D	T23、T24、T25

基于如上的潜变量设定，我们在结构方程概念模型设计过程中，提出了如下具体的假设：

H-N-X 民族（N）：清真食品品牌认可（R）、清真食品溢价接纳度（L）、清真食品购买决策（D）3 个维度均和民族有显著的相关性。穆斯林消费者只食用清真食品，非穆斯林消费者对清真食品有接纳度。

H-Z-X 清真食品认证认知（Z）：清真食品品牌认可（R）、清真食品溢价接纳度（L）、清真食品购买决策（D）、清真认证认知（Z）4 个维度均和消费者对清真食品认证的态度有显著的相关性。消费者对清真食品认证内涵的认知程度越高，对清真食品溢价的承担意愿就越强烈。

H-Q-X 食品安全评价度（Q）：清真食品品牌认可（R）、清真食品溢价接纳度（L）、清真食品购买决策（D）3 个维度均和食品安全现状评价度有显著的相关性。

H-I-X 收入（I）：清真食品品牌认可（R）、清真食品溢价接纳度（L）、清真食品购买决策（D）3个潜维度均和收入有显著的相关性。

H-E-X 教育（E）：清真食品品牌认可（R）、清真食品溢价接纳度（L）、清真食品购买决策（D）、清真认证认知（Z）4个维度和教育有显著的相关性。教育和清真认证认知之间也存在关联。随着受教育程度的提高，消费者对清真食品的认知将有不同程度的提升。进而带动对清真食品及其溢价的认可度提升。基于上述假设，可以得到结构方程概念模型的路径图。

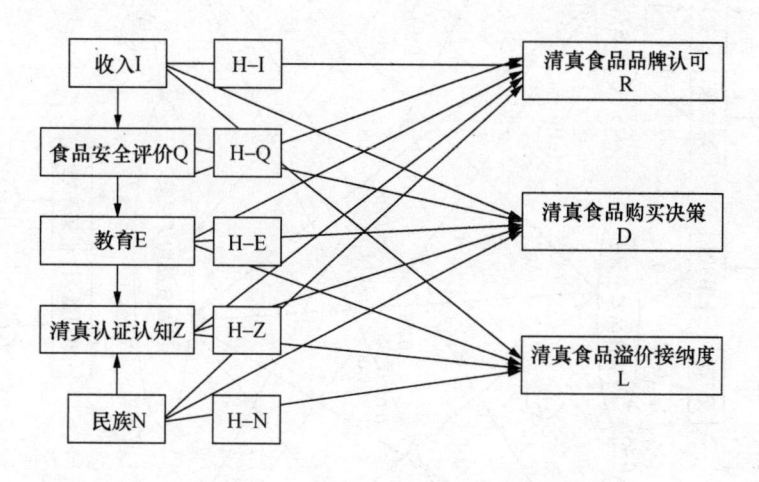

图 6-9 清真食品溢价过程结构方程概念模型及路径

（四）模型的检验

为了考察参数估计值的合理性和概念模型的适当性，通常会在模型求解前对模型的拟合程度进行验证。本书运用结构方程模型的软件 AMOS-21.0 的最大似然法（Maximum Likelihood）对概念模型的拟合情况进行检验。对于概念模型的拟合度检验包括基本参数拟合标准和整体模型拟合程度两方面。

通过 AMOS 结构方程分析软件对模型进行分析，得出模型拟合系数、路径系数及假设检验，图 6-10 为本书的初始结构方程模型路径图。

1. 基本参数拟合标准

在 SEM 模型评价中，评价假设的路径分析模型与数据是否存在适配性，

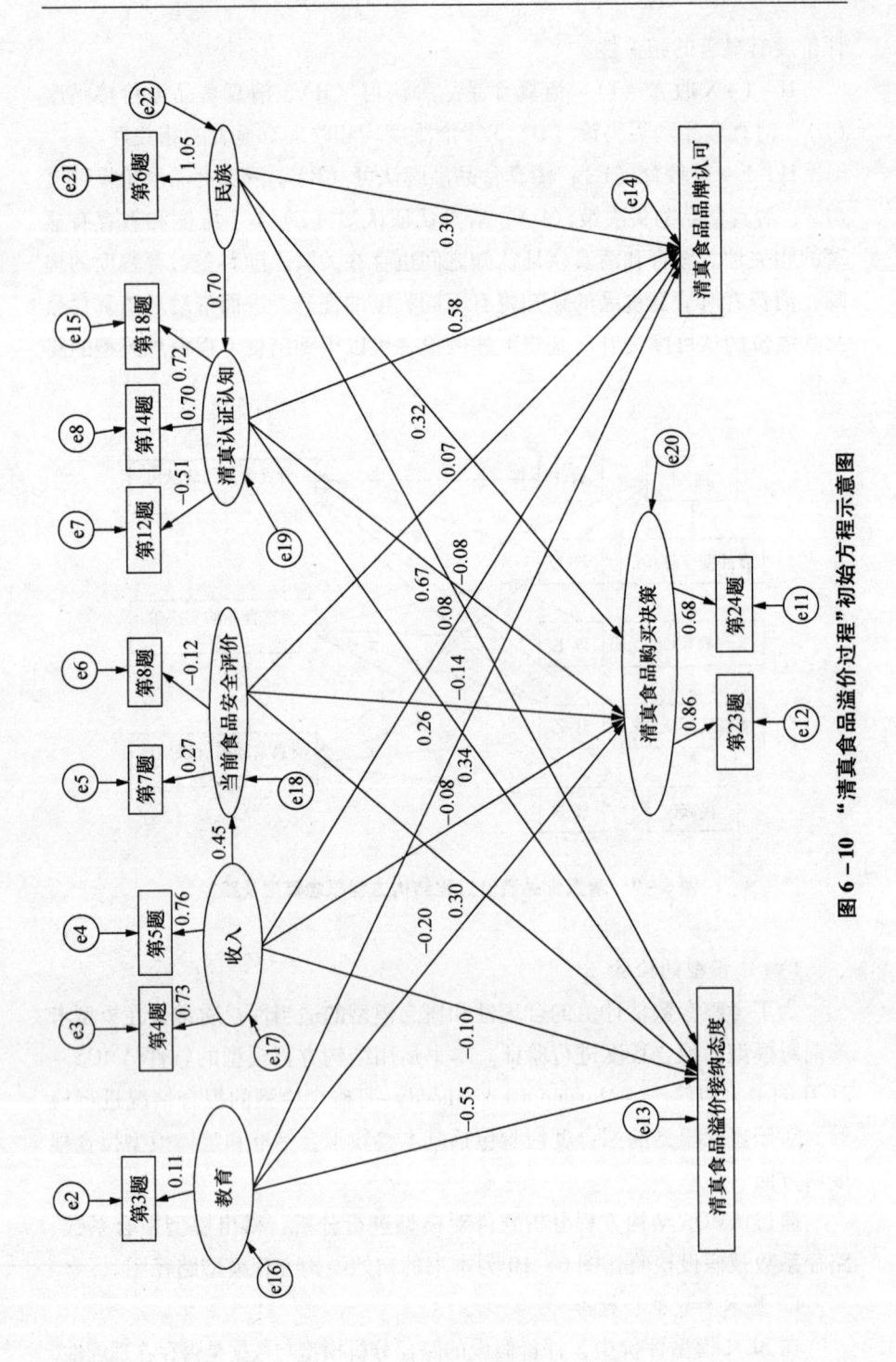

图 6-10 "清真食品溢价过程"初始方程示意图

即假设模型与调查样本总体契合度，可以通过适配度指标（goodness-of-fit indices）来衡量。根据 Bogozzi、Yi（1988）以及 Hair（1998）等学者所提出的验证准则包括：①估计参数不能有负的测量误差，且达到显著水平；②因子载荷值在 0.5—0.95；③测量指标显著后，假设方可成立（t>1.96）。当违反这些规则时则证明有可能存在输入及问题辨识错误或者序列误差。

本书采用验证性因子分析法对理论模型的拟合度进行验证，其中的验证性因子包括：绝对适配统计指标（absolute index）——"χ^2/df（卡方值/自由度）、GFI（goodness-of-fit index）、AGFI（adjusted goodness-of-fit index）、RMR（root mean square residual）、RMSEA（root mean square error test of close fit）"；相对指数（relative indices）——"CFI（comparative fit index）、NFI（normal fit index）、NNFI（non-normed fit index）、IFI（incremental fix index）、RFI（relative fit index）"等。其中对各指标的评价标准要求如下：χ^2/df 与适配度成反比，根据学者研究，当取值在 1—3 时，表示契合度较好；当其大于 3 时，则模型契合度不佳。在残差估计中 RMSEA、RMR 均 $\in$ [0, 1]，其数值越大则契合度越小，通常以 0.08 作为适配临界值。GFI、AGFI、NFI、CFI、IFI、NNFI、RFI 取值也介于 0—1，数值越大，证明模型与数据契合度越好，GFI 值越大，AGFI 也会越大，其判别标准一般定为 0.8，如果大于 0.9 则更优。PNFI（parsimony-adjusted NFI）则判断模型精简度，一般以大于 0.5 作为判别标准。

初始"清真食品溢价实证方程"模型所获得的拟合指标见表 6-19，其中，χ^2/df（卡方值/自由度）的值为 2.565，小于 3，这说明，基础的模型拟合度良好。GFI（拟合优度指数）的值为 0.927，RMSEA（近似误差均方根）和 RMR（残差均方根）的值分别为 0.077 和 0.099，都在临界值以内，这两个指数说明实证方程的拟合较为合理。NFI（赋范拟合指数）、CFI（比较拟合指数）、IFI（递增拟合指数）分别为 0.887、0.926 和 0.928，处于合理的取值区间中。综上所述，从拟合指标来看，初始的清真产品溢价实证方程具有较为理想的拟合度，该方程结构比较合理，可以基于该方程对方程中的路径进行分析。

表6-19　　　　　　　　　　初始模型拟合指标

	χ^2/df	NFI	CFI	RMSEA	RMR	PNFI	GFI	IFI
理想值	≤3	≥0.8	≥0.9	≤0.08	≥0.08	≥0.5	≥0.8	≥0.8
实际值	2.565	0.887	0.926	0.077	0.099	0.603	0.927	0.928

表6-20　　　　　　初始清真产品溢价实证方程拟合结果

		Estimate	S.E.	C.R.	P	假设
食品安全评价	收入	0.446	0.075	1.687	0.092*	H-I-Q
清真认证认知	民族	0.701	0.155	4.42	***	H-N-Z
清真食品购买决策	收入	-0.80	0.089	-0.97	0.332	H-I-D
	教育	-0.204	1.745	-0.875	0.381	H-E-D
	民族	0.324	0.207	2.269	0.023**	H-N-D
	清真认证认知	0.764				
	食品安全评价	0.261				
清真食品溢价接纳度	食品安全评价	0.298	1.476	1.134	0.257	H-Q-L
	清真认证认知	0.339	0.225	3.273	0.001**	H-Z-L
	收入	-0.095	0.247	-0.615	0.539	H-I-L
	教育	-0.135	8.805	-0.684	0.494	H-E-L
	民族	-1.054	0.191	0.899	0.368	H-N-L
清真食品品牌认可	食品安全评价	0.067	0.761	0.434	0.664	H-Q-R
	收入	-0.079	0.121	-0.923	0.356	H-I-R
	教育	-0.135	1.615	-0.809	0.419	H-E-R
	清真认证认知	0.575	0.184	6.018	***	H-Z-R
	民族	0.297	0.276	2.025	0.043**	H-N-R

注：***、**、*分别表示在0.01、0.05、0.10水平统计显著。

2. 方程的修正以及最终解释

对修正后的清真产品溢价实证方程进行了检验，获得的拟合指标见表6-22，从其分析结果可以看出，χ^2/df（卡方值/自由度）的值为2.463，小于卡方临界值3，这说明，修正后的模型拟合度良好。GFI（拟合优度指数）的值为0.926，RMSEA（近似误差均方根）和RMR（残差均方根）的值分别为0.075和0.080，都在临界值以内，这两个指数说明实证方程的拟合较为合理。NFI（赋范拟合指数）、CFI（比较拟合指数）、IFI（递增拟合指数）分别为 0.885、0.927 和 0.926，均大于 0.08，处于可接受的范围中。综上所述，从拟合指标来看，修正后的清真产品溢价实证方程具有较为理想的拟合度，该方程结构比较合理，可以基于该方程对假设进行验证。

表 6-21　　　　　　　　　修正后的变量解释

	潜变量	观测变量
自变量	教育	T2、T3
	收入	T4、T5
	民族	T6
	食品安全现状评价	T7、T8
因变量	清真食品品牌认可	T10
	清真食品溢价接纳度	T15
	清真认证认知	T12、T14、T18
	清真食品购买决策	T23、T24、T25

表 6-22　　　　　　　　　修正后的模型拟合指标

	χ^2/df	NFI	CFI	RMSEA	RMR	PNFI	GFI	IFI
理想值	≤3	≥0.8	≥0.9	≤0.08	≤0.08	≥0.5	≥0.8	≥0.8
实际值	2.463	0.885	0.927	0.075	0.080	0.636	0.926	0.926

（五）模型的结果评价及路径分析

1. 当前食品安全评价

由表 6-23 所知，收入—当前食品安全评价路径成立（H-I-Q）载荷因子为 0.330。由此可看出，收入和食品安全评价呈显著的正相关关系。该结果表明，收入越高的消费者对当前食品安全环境越不满意，对食品安全的要求越高。食品安全评价 Q（T7、T8）维度中包含"食品安全重视程度"和"食品安全现状评价"两个变量。由此我们更能看出，随着收入的增加，对食品安全的重视程度也相应增加，该观点在前文变量相关检验分析中也已证实。

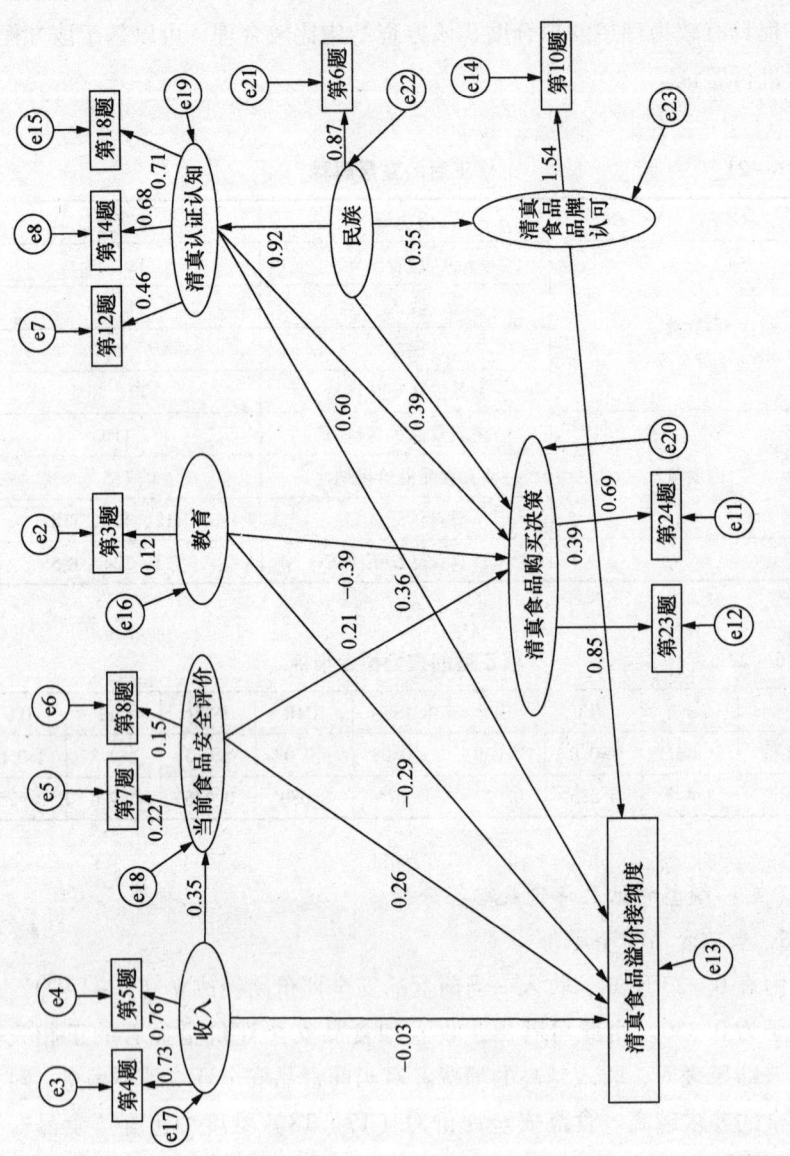

图 6-11 修正后的方程模型路径图

表6-23 修正后的方程模型路径系数

		Estimate	S.E.	C.R.	P	路径	
当前食品安全评价	收入	0.330	0.045	1.609	0.108*	H-I-Q	成立
清真食品溢价接纳度		-0.330	0.167	-0.312	0.105*	H-I-L	成立
清真食品品牌认可		0.986	0.134	15.606	***	H-N-R	成立
清真认证认知	民族	0.935	0.138	7.175	***	H-N-L	成立
清真食品购买决策		0.675	0.216	-5.818	***	H-N-D	成立
清真食品溢价接纳度	当前食品安全评价	0.255	1.684	0.997	0.109*	H-Q-L	成立
清真食品购买决策		0.218	—				
清真食品溢价接纳度	教育	-0.200	2.081	-0.696	0.487	H-E-L	
清真食品购买决策		-0.276	2.807	-0.494	0.621	H-E-D	
清真食品溢价接纳度	清真认证认知	0.492	0.213	5.47	***	H-Z-L	成立
清真食品购买决策		1	—				
清真食品溢价接纳度	清真食品品牌认可	0.660	0.228	9.365	0.063*	H-R-L	

注：***表示达到0.001的显著性水平（T>3.29）**表示达到0.01的显著性水平（3.29>T>2.58），*表示达到0.05的显著性水平（2.58>1.96）。

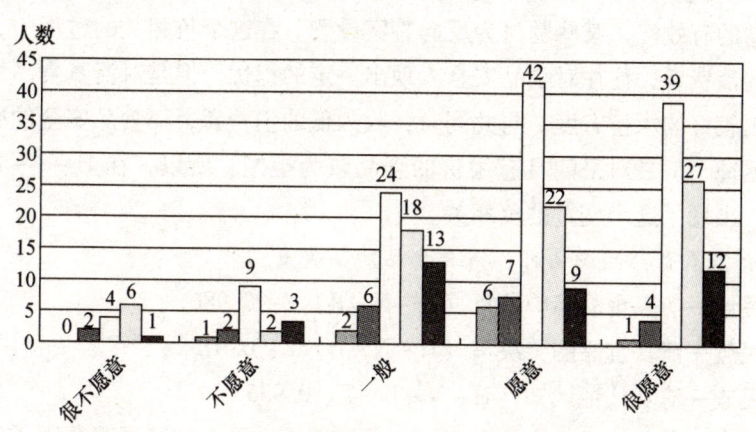

图6-12 安全食品支付意愿与收入水平交叉分析

从T9（食品安全支付态度）的统计结果看，参加问卷调查的消费者中，仅有30人（0.11%）不愿意为更安全的食品支付费用。由此可知，消费者存在对食品安全的支付意愿。该意愿随着收入的增长呈上升趋势。

2. 清真食品溢价接纳度

"收入—清真食品溢价接纳度"（H-I-L）E：-0.330

"清真认证认知—清真食品溢价接纳度"（H-Z-L）E：0.492

"食品安全评价—清真食品溢价接纳度"（H-Q-L）E：0.255

"清真食品品牌认可—清真食品溢价接纳度"（H-R-L）E：0.660

H-R-L路径成立，载荷因子为0.660，说明该路径在清真食品溢价被接纳的过程中，贡献最大。清真食品品牌的认可度的提升，将直接主导清真食品溢价的过程。H-Z-L路径的成立，载荷因子为0.492，说明对清真认证认知这一维度在清真食品溢价形成过程中，也占有较高权重。由此可以看出，在清真食品购买过程中，对认证信号更为关注的消费者，更愿意承担清真食品的溢价。H-I-L路径成立，载荷因子-0.330，说明收入因素和对清真食品溢价接纳度呈正相关。H-Q-L路径成立，说明了对清真认证食品有一定认知和一定需求的消费者，都能够接受清真食品溢价。同时，该路径的成立也说明，消费者认同清真食品相比非清真食品有更高的安全度。

负相关的解释：在问卷命题的过程中，为了均匀问题的正反向以期达到问卷的有效性，某些题目为反向答案设置。在这个负相关的过程中，收入高的消费者，往往对食品安全表现出一定的担忧，但是对清真食品溢价表现出较好的承担态度。与此同时，收入低的消费者，对食品安全的感知相对迟钝，但是对采购具有溢价的食品较为拒绝。所以，在H-I-L路径中，出现了这个变量的负相关。

3. 清真食品品牌认可、清真食品购买决策

民族—清真食品品牌认可（H-N-R）E：0.986

民族—清真食品购买决策（H-N-D）E：0.675

民族—清真认证认知（H-N-L）E：0.935

以上三条路径成立，达到0.001的显著性水平。从路径载荷因子数据可以看出，民族变量对"清真食品购买决策"的影响最小（0.675），"清真认证认知"次之（0.935），"清真食品品牌认可"最大（0.986）。这说明，基于宗教和民族情感，穆斯林消费者只采购清真食品。民族属性对清真食品品牌的认可度和购买决策是显著相关关系。"民族"变量对"清真食品购买决策"维度有显著影响，但是在该路径中载荷因子数据并没有另外两条路径那么绝对。究其原因可能是非穆斯林消费者对清真食品也

存在某种程度的购买信任和购买偏好。

值得注意的是,从维度"清真食品品牌认可"的观测变量 T10 的统计结果来看:非穆斯林消费者对清真食品的态度多为"一般"(91 人次,占 93.81%)和"比较喜欢"(25 人次,占 39.06%)。由此可见,非穆斯林消费者对清真食品没有排斥情绪。(见图 6-13)

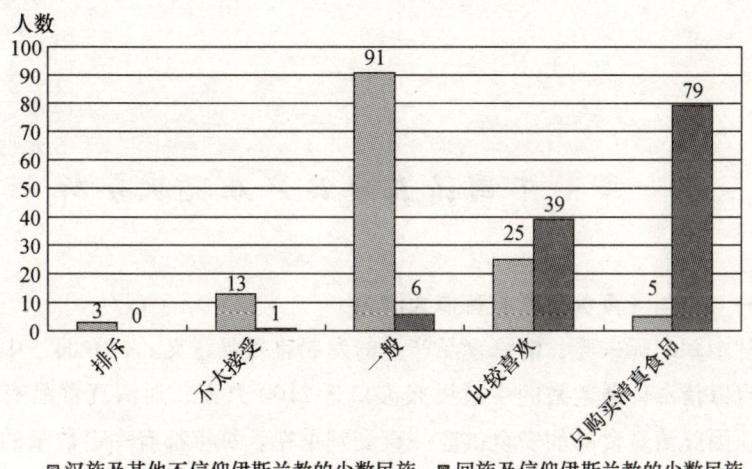

图 6-13 民族与清真食品品牌认可交叉分析

第七章 提升中国清真食品溢价能力的策略分析

第一节 中国清真食品产业现状分析

一 中国清真食品产业有很大潜力

从中国实际来看,清真食品产业的发展有重要意义。一方面,中国本身就有以信奉伊斯兰教的少数民族人口近2100万人,对清真食品有巨大需求,因此清真食品的安全供应一直受到重视。每年都有一定数量的清真食品生产企业纳入国家少数民族特需用品定点生产企业计划中,并给予相应的中央财政和省级财政补贴,以及银行贷款等优惠政策予以扶持。同时,随着居民生活水平的提高,特别是清真食品在中国同时也受到非穆斯林消费者的喜爱,国内市场需求从数量到质量和种类逐年上升。根据商务部2011年统计数据表明,中国国内清真食品年交易额约21亿美元,并以10%的速度逐年递增。另一方面,随着穆斯林人口数量不断增加,全球清真食品贸易迅速发展,清真食品市场已经成为具有发展前景的新兴市场,由于中国受到美国和欧洲经济发展趋势以及中国汇率攀升等因素影响,我国对美、欧、日等传统市场进出口比重下滑,而清真食品对外贸易无疑可以成为中国新的经济增长点。

二 中国清真食品产业整体水平有待提升

与国内、国外市场巨大的潜力相比,中国清真食品产业整体发展水平有待提升。由于以回族为主的少数民族在国内的地理分布上呈现出"大杂居、小聚居"的特点,中国清真食品生产企业的分布也体现出相应特征。据国家民委相关统计资料表明,中国2400多个县市中,有97.3%的县市都有清真食品生产经营相关企业,其中涉及清真食品及餐饮的经营企业（户）共12多万户。但从整体来看，依然以手工作坊类的小型餐饮和加工企业为主，类似皓月、伊利等大型生产企业数量较少。从总体而言，中国清真食品企业规模小，以地方性、区域性的清真食品生产企业为主，缺乏品牌意识，尚未形成消费者高度认可的清真食品品牌。根据笔者前期问卷调研，在参与问卷消费者对清真食品非常熟悉，并重复购买的前提下，大多数消费者仍无法列出所熟悉的清真食品品牌，所列出清真食品品牌比较分散，除"皓月"、"月盛斋"、"伊利"等外，大多以地方品牌为主。由此可见，中国清真食品品牌在国内的认知度仍然较低，更谈不上拥有在国际市场上被认可的清真食品品牌了。

同样，中国清真食品出口贸易也存在着问题。与全球清真食品的年贸易额1500亿美元的数字相比较，中国清真食品的出口额近年一直徘徊在1亿美元左右，仅占全球贸易总额的0.67‰，这与中国为世界第二大经济体以及世界最大的出口国的地位以及本身具备数量如此之多的清真食品企业的现状极不相称。与此相对应的是，美国每年都大约有120亿美元的清真食品份额，加拿大对伊斯兰国家与地区的食品出口额也达到21亿美元以上。除此之外，新西兰、巴西、英国、荷兰、法国等西方发达国家以及印度尼西亚、马来西亚、新加坡、泰国、印度等也依赖其地缘优势在清真食品市场上占据了很大份额。通过比对，一方面说明中国清真食品产业开拓国际市场的发展空间非常之大；另一方面则意味着中国清真食品产业参与国际市场竞争的能力非常之弱。

中国清真食品在国际市场份额小，早期主要受制于缺乏国际承认的清真食品认证。中国国内清真食品国内长期是由当地民委或者伊斯兰教协会监制，但是在出口过程中，无法与当地的认证标准和程序接轨，同时，接受进口国认证对于中国大多数清真食品企业的资金实力而言费用过高，出口企业也缺乏相应的知识和培训，其生产流程和环境也很难达标。但是近些年，特别是成立了宁夏清真食品认证中心后，根据现代食品工业化流程，以在国际上较为通行的马来西亚清真食品认证管理规定为蓝本，制定了相应的清真食品认证管理规则，并通过签署《清真食品标准互认合作协议》的方式，分别与沙特阿拉伯、埃及、卡塔尔、马来西亚、澳大利亚、新西兰、约旦7国实现清真食品的进出口贸易，也是基于此，宁夏的清真牛羊肉得以出口。清真食品国际互认机制的建立，对中国清真食品生产厂商获取出口贸易的通行证、降低认证成本有积极的推动作用，但是在清真食品市场的国际化竞争中，中国清真食品生产厂商无疑要面临着成本和市场选择的压力。

从国际贸易的统计资料来看，阿拉伯国家食品需求主要是粮食，其次是肉品。而从中国实际出发，由于人口基数大，本身属于粮食进口大国，而根据传统思路预想大力发展的清真牛羊肉出口，却在成本上没有优势。国际市场上传统的清真肉类的出口国新西兰、巴西、澳大利亚等，其价格比中国清真肉类更具竞争力。从2013年的统计数字表明，中国随着居民收入的提高，对牛肉的需求量有很大的增加，现在中国每年人均消费牛肉仅约4—5公斤，大约占据了全球牛肉平均消费量的1/5，因此2013年1—4月，中国的牛肉进口量猛增至7.5万吨，是2012年同期的10倍多，而进口量激增的原因就在于国内牛肉价格涨幅高于进口牛肉价格增幅。当然，由于中国一些地区如宁夏、青海等地本身牛羊肉肉质好，在经过多次的贸易洽谈会的推介，也得到马来西亚、阿联酋、科威特、埃及等国的订单。以宁夏为例，自获得清真食品国际认证后，宁夏伊顺园农工贸有限公司、宁夏西吉县吉鑫食品公司、吴忠涝河桥牛羊肉有限公司、中卫夏华牛羊肉公司等企业获得了清真冷冻肉的国外订单，但是由于企业本身规模小，肉源或加工能力不足，使得虽然广受客户好评，却没有能力承接更多的出口订单。①

由此可见，即使在通过清真食品认证后可以销售出国门，中国清真食品企业较为集中的清真牛羊肉等产品，由于产量少、规模小以及国内本身对食品需求量也很大等原因无法在国际清真食品市场上占据很大份额。而出口类似清真冰冻肉本身运输成本也很高，与印度等国家相比不具备地缘优势，同样以宁夏的清真牛羊肉为例，其出口主要是因为质量高、价格低，企业出口销售与在区内市场销售相比较每斤仅有30—70元人民币的差额，规模小、成本高，企业实际获利水平并不高。

综上所述，中国的清真食品总体发展水平较低，主要仍以清真食品的初级加工和生产为主，这一方面无法满足清真食品消费者日益变化和提升的消费需求，另一方面在国际市场竞争中，中国清真食品在传统的清真冷冻肉制品上不具备规模优势和成本优势，在竞争中也不具备价格优势；由

---

① 根据宁夏农牧厅2010年底的统计数据，宁夏回族自治区牛类总产量18.9万吨，人均占有量为30公斤，虽然远高于全国平均水平，但总量太小，可供出口的牛肉年均只有几万吨。

此中国清真食品的发展应从实际情况出发,以消费者需求为核心,加强清真食品的研发,丰富清真食品的种类,而核心就在于打造中国清真食品品牌,提升中国清真食品的溢价能力。以下就从国家层面的政策供给,清真食品认证品牌化策略以及清真食品品牌策略三个层次做进一步阐述。

第二节 提升中国清真食品溢价能力的对策分析

一 打造安全稳定的市场环境,建立健全多层次监督体系

近些年随着各地区对于清真食品产业的逐步重视,在穆斯林人口相对集中的地区,呈现出清真食品产业集群式发展。如宁夏清真食品产业集群、甘肃清真食品产业集群、青海清真食品产业集群以及新疆清真食品产业集群等,同时各地方政府也推出了相应的投融资优惠政策,以促进本地区清真食品产业带动整体地区经济的发展。

政府自上而下的政策对中国清真食品产业的发展有正面推动作用。而对于清真食品产业发展而言,政府最应解决的问题应该是提供并维护稳定健康的市场竞争环境和加强相应法律法规的健全。对内应打破各地区由于清真管理标准不统一而造成的清真食品国内贸易壁垒,对外应形成相对稳定的国家层面的清真食品认证标准体系,增强中国清真食品在国际贸易中的话语权。

现阶段中国国家层面的清真食品管理立法依然没有形成,大多数省市自治区依然采用的是地方规章,但是清真食品产业的发展,对统一规范管理客观上有了推动作用。各地区间也重视了相互协作,在尚无国家统一的清真食品管理立法的情况下,部分地区之间形成了地区间合作,统一清真食品管理标准,降低国内不同区域间清真食品流通壁垒。2012年5月,宁夏与北京、陕西、甘肃、青海等10个省、市、区沟通协商,以宁夏清真食品地方标准为基础,共同制定清真食品认证地方联盟标准,促进各省区清真产业共同发展;2012年9月12日,宁夏、陕西、甘肃、青海、云南、黑龙江6个省区在中阿经贸论坛上签署了《清真食品认证地方联盟标准合作备忘录》,启动了统一清真食品认证标准进程;2013年1月,宁夏与陕西、甘肃、青海、云南等以《宁夏清真食品认证通则》为蓝本,共同制定五省区互认的《清真食品认证通则》,同时宁夏清真食品认证中

心与其他省市自治区进一步接轨，希望吸纳更多地区为清真认证联盟成员，在全国范围内统一清真食品认证的相关规章。

国内的清真食品管理，除了各地区标准的统一外，还有就是清真食品监管的问题。没有外部的监管，清真食品天然的信任品属性，以及企业的逐利性很容易导致市场欺诈行为与市场失灵。与缺乏统一立法相适应的是，中国清真食品属于多头管理，而且不同地区的清真食品管理模式也不不尽相同。一般而言，国内清真食品市场除了受到食品相关部门的管辖外，还由当地民委（宗教局）、工商部门、质量监督管理部门协同管理。其中，工商部门及质量监督管理部门有执法权，民委以及当地的伊斯兰教协会负责监督，而多头管理在实际操作中必然存在着协调、沟通的困难，容易造成权责不清，出现管理漏洞。因此理顺内部负责的管理关系，明晰权责利的关系，如何在将清真食品纳入食品质量安全管理体系的基础上根据清真食品的特性做好规范化管理，是政府亟待解决的问题。

中国清真食品认证刚刚起步，事实上中国的清真餐饮和清真食品的认证是有不同认证体系的。国内清真餐饮一般由当地民宗局核发清真食品准营证或者清真牌，而清真食品的认证机构不同地区也各有不同，国内主要有各地民委、中国伊斯兰教协会及各地的分会，以及宁夏清真食品认证中心认证。其中，中国伊斯兰教协会以及山东伊斯兰教协会和宁夏（国际）清真食品认证中心可以办理出口贸易的清真食品认证。这些不同的清真食品认证机构的地位和权利也各有不同，认证形式也不同。一般而言核发的清真食品准营证属于企业经营清真食品的"准入证"，属于强制认证。而伊斯兰教协会和宁夏清真食品认证中心对清真食品的认证则属于自愿认证，清真食品企业通过认证这种方式，向消费者传递其食品的"Halal"属性，以期获得消费者（国）的认可。但是无论属于强制认证或是自愿认证，对于市场和消费者而言，这些都是他们判别食品是否清真的重要信号，因此认证机构对认证应承担的责任必须加以明确。

由于清真食品的信任品属性，除了政府对于清真食品的立法与监管以及清真食品认证机构对清真食品安全性的"背书"，还需要其他外部力量来共同维护中国清真食品市场的健康有序发展。这其中既包括清真食品企业本身的诚信经营，也包括企业行会定期的信息披露、媒体的监督，以及清真食品消费者本身的监督等。目前，各地方也先后建立起清真食品协会，或清真食品行业协会以及推广清真食品个人义务监督员制度等，甚至在网络上还存在类似"清真食品打假"的非正式组织向政府部门和媒体提供相关信息，如何协调好这些个人、企业、协会之间的关系无疑对清真食品市场的稳定以及保护消费者权益有着正面的推动作用。中国的清真食品市场，应形成由政府、清真食品生产企业、消费者共同形成的稳定的三角结构。（如图 7-1 所示）

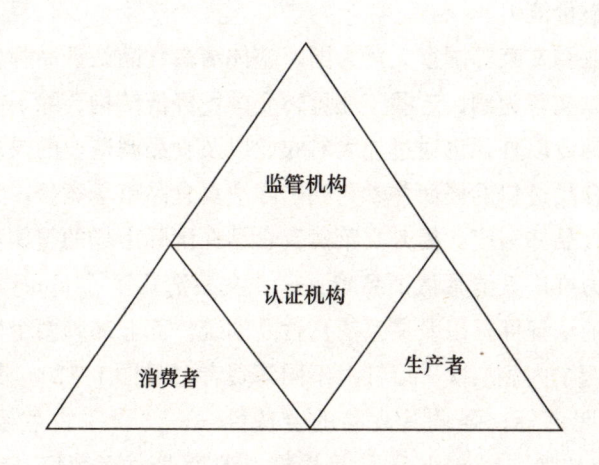

图 7-1　清真食品市场结构示意图

二　中国清真食品认证品牌化策略

健康的外部环境和稳定的法律环境是清真食品产业发展的前提条件。而清真食品最终需要接受的依然是消费者的选择。这也是中国清真食品产业发展应关注的核心内容。作为食品中的特殊种类，消费者选择的不仅仅是食品品牌，"清真食品认证"本身就是消费者选择的内容之一。

目前，不同国家之间的清真食品竞争，不仅仅是食品品牌之间的竞争，还包括各个国家清真食品认证规则和标准的竞争。一些较早就开始研究和制定清真食品认证标准的国家如马来西亚等，除了满足食品工业化以及国际贸易的要求保护穆斯林消费者的权益之外，还力图根据本国的实际制定出严格的清真食品认证制度，并通过向国际推广以树立其高质量清真食品制造国的形象，同时用认证制度形成事实上的技术壁垒，制约其他国家清真食品与其在国际市场上的竞争。而中国清真食品认证起步较晚，一方面需要学习先进国家的经验制定出符合国际通行标准的认证规则，以获取参与国际清真食品市场竞争的资格；另一方面应加大对清真食品生产流程和监督手段以及检测技术的研发,制定出合乎中国清真食品产业实际发展需求和国家趋势的清真认证标准和监管机制,并通过多方的国际合作以及相互的标准互认等方式增强中国在国际市场的话语权。通过中国清真食品认证被国际市场的接受,而逐步将中国制造的清真食品推向国际,打造中国清真食品认证高质量、高信誉的形象,从而提升中国清真食品整体的品牌价值和溢价能力。

马来西亚和文莱等国家无疑为国家整体清真食品认证品牌化作出了良好的范例。以文莱为例,近些年注重转变国民经济结构,除了原有国家支柱性产业石油业以外,也通过加大对农业以及食品制造业的投入,改变过分依赖国外食品进口的局面并参与到国际清真食品市场竞争。为了提升其整体的清真食品知名度,提升文莱清真食品在国际市场的整体竞争力,文莱向各国大力推广其清真认证品牌——"文莱清真"(Brunei Halal)。同时通过宗教的认证商标以及文莱清真食品的统一商业品牌两个标识揭示了清真食品的两个内涵层次,以针对不同消费者(见图7-2)。其中宗教商标是一种证明商标,强调其食品的合法性——"合乎古兰经的内在规定",其商业品牌"bruneihalal"是根据一般商业商标管理,在取得宗教认证许可的前提条件下,着眼于传递文莱清真食品的总体高质量、现代生活方式的新理念的产品信号。通过这种方式,在国际市场上打造文莱清真的整体品牌形象。这一做法也为中国清真食品发展提供了相应思路。

图 7-2 文莱清真食品认证标志

资料来源:文莱清真宣传资料。

当然中国与马来西亚和文莱这些伊斯兰国家不同，清真食品产业只是中国产业甚至中国食品产业中的一小部分。而且将"清真"注册为商标，也有一些涉及民商法相关的问题，本书不作更深层次讨论。但是国内清真食品认证机构本身可以采用品牌化的策略来提升其认证的信用度，这无论对认证机构本身的竞争以及认证企业商品在市场上的竞争均有正向推动作用。

事实上国内已经出现了清真认证机构之间的竞争。以清真食品的出口认证为例，除去中国伊斯兰教协会、山东伊斯兰教协会以及宁夏（国际）清真食品认证中心以外，国外的清真认证机构如 IFANCA—Halal（The Islamic Food and Nutrition Council of America）、HFC—Halal（Halal Food Council International/ Halal Food Council S. E. A.）、马来西亚的 JAKIM - hala（Jabatan Kemajuan Islam Malaysia）、印度尼西亚的 MUI - halal（Majelis Ulama Indonesia）、新加坡的 MUIS - halal（Majlis Ugama Islam Singapura）等也在中国设置代表处或中介机构开展清真食品的出口认证。由此可见中国的清真食品认证机构本身也面临着市场的竞争和生产企业的选择。而企业选择的最终原则是认证机构所颁发的清真认证的通行范围，而清真认证的通行范围正取决于消费者的认可度。基于此，中国清真食品认证机构必须以品牌化[①]策略提升自身的认证的深度和信用度。所谓"深度"，就是挖掘"清真"本身的内涵，从而切实使消费者认识到经清真认证后的食品可以给自己带来长期均衡的利益。所谓"信用度"是指经清真认证机构认证的产品，在最终消费者心目中有很高的信誉，成为清真食品高质量的证明，从而不同国家和地区都对其有广泛的接受度。

（一）清真认证所涵盖的消费者利益承诺分析

清真认证被消费者接受度核心在于，消费者可以感知清真认证后食品带来的长期均衡的利益。因此对于清真食品认证机构而言，应挖掘"清真"的含义，针对不同消费者，为其提供长期均衡的利益承诺，从而得到消费者和市场的认可，从而增大清真食品的整体市场和目标顾客群。

通过梳理清真食品的内涵，可以发现，清真食品的内在规定与法理基

[①] 国内清真食品认证机构的认证标识目前仅仅属于质量证明，并没有取得商标资格，其品牌在法律上的概念并不在本书讨论范围内，这里说到的品牌化更多指的是品牌经济学上的概念即对消费者的利益承诺符号。

础缘起于伊斯兰教经典《古兰经》以及《圣训》，但"清真"这一概念不仅仅局限于宗教禁忌，而有其丰富的内涵。因此由于清真食品对消费对象本身没有限制，针对不同的消费群体其侧重发掘的清真品牌内涵也不同。

1. 从清真（认证）食品的物质属性来看，清真食品本身具备符合消费者食用的一般功能性属性

具体到清真食品上来看，其不同于一般食品有以下几个特性：

一是清真食品是符合伊斯兰教法规定的特殊食品。具体而言可以分为食品组分的严格性规定以及食品处理方式严格的规定性。其规定都源自于《古兰经》的基本内容。

二是清真食品强调食材的选择，着重于"清洁"与"佳美"。清真食品特别强调食品安全，在没有现代化食品加工法案的 7 世纪，就强调"自死""污秽""不洁"的食品不可食。而且在处理方式中，强调对储存、加工工具的清洗，并禁忌食用如"血液"、"淋巴"等容易滋生病菌的食品。这与今天现代的食品安全生产理念相一致。因此，清真食品不仅仅是穆斯林日常必需品同时在非穆斯林心目中也是具备较强的安全性与清洁性的高质量食品。清真食品本身具备"佳美"独特的风味，也成为非穆斯林选择的重要理由。

2. 从清真食品的情感属性来看，清真食品有丰富内涵

食品本身是一种特殊的商品，与人们的日常生活，生活理念关系紧密。从马斯洛需要层次理论来看，食品不仅仅是满足人们最低层次生理安全需要的产品，同时，选择什么种类的食品也与人的社会交往甚至最高层次的自我认知与实现息息相关。而对于消费者选择而言，食品之间除了风味与食品安全质量问题外差异性并不大，最终驱动消费者选择，激励消费者购买的与产品的情感属性更有联系。因此发掘清真食品情感属性，满足不同消费群体的情感诉求和体验是清真食品发展的重要动力。具体看清真食品的情感内涵可以分为以下几个层次：

一是宗教内涵与民族情结。"Halal"本身就是合法的、被允许的含义，而其所谓的"法"就是伊斯兰教经典《古兰经》。《古兰经》本身是穆斯林的生活准则，而食用"Halal"食品，则是穆斯林的义务。在中国，以信奉伊斯兰教为主体的回族、撒拉族、东乡族、维吾尔族等少数民族，长期将这种宗教行为固化成本民族的风俗习惯，因此在这些少数民族消费

者中，食用清真食品本身就是对其民族身份的认同。从笔者对穆斯林消费者的调查中也可以看出，即使在信奉伊斯兰教的少数民族消费者内部，选择清真食品的原因也有不同，一部分人是出于虔诚穆斯林对真主安拉的信仰，而同时还有一部分人并没有相关信仰，之所以选择清真食品是因为出于对其民族身份的认同以及风俗习惯的固化。这种固化行为，具有一定的稳定性。

二是清真食品普适性的情感内涵。清真食品遵循伊斯兰教法，不仅仅符合穆斯林的信仰，同时，伊斯兰教的规定也符合一般性更深层次的行为准则。其一，"公平"和"诚信"的伦理价值观。《古兰经》非常强调一般商业活动中的"公平"和"诚信理念"，规定在任何情况下，交易双方不能有欺诈以及不诚实的行为。[①] 因此，在食品生产和经营中，清真食品特别强调其生产经营厂商，必须诚实经营，确保其食品质量的安全可靠，从而获取其应得的利润。在今天食品相关安全问题频出，"清真"本身对人的行为的约束和规范，对于清真食品消费者而言，无疑较一般食品增添了信仰保障，从而增强了清真食品的安全性，这一点从前期的消费者调查中也得以证明。其二，对清真食品生产厂商更强调其社会责任。根据伊斯兰教内涵，企业进行诚信的商业活动获取利润是正当而合法的，同时企业不仅仅以追逐利润为目标，还应该负有其他责任与义务，这一点与自20世纪90年代兴起的企业社会责任（corporate social responsibility）是相通的。生产厂商不仅仅对自身（股东）利益负责，对消费者负有公平诚信交易提供优质产品的责任，同时生产经营清真食品的厂商对社区以及整个社会负有相应的义务。在伊斯兰教中规定，虔诚穆斯林所具备的五功之一

[①] 真主将说："这就是诚实裨益诚实者的日子，他们得享拥诸河流过脚下的乐园，并永居其中。真主喜爱他们，他们也喜爱他。这真是一项伟大的成功。"（《古兰经·筵席章》第119节）"假借真主的名义说谎的人，是不会成功。"（《古兰经·蜜蜂章》第116节）"有信仰的人们啊，你们当敬畏真主，当与诚实的人们为伍。"（《古兰经·忏悔章》第119节）《古兰经》强调应当诚实经营（4：29）："信道的人们啊！你们不要借诈术而侵蚀别人的财产。"译者注：这是指一切欺骗、剥削、偷窃［窃］、掠夺、霸占而言。（参阅2：188，4：161，9：34）马坚译：《古兰经》上册，中国回教学会1950年版，第101页。"你们不要借诈术而侵蚀别人的财产，不要以别人的财产贿赂官吏，以便你们明知故犯地借罪行而侵蚀别人的一部分财产。"（2：188）

就是"天课"。① 伊斯兰教鼓励穆斯林的善事，而所谓的"善功"不仅仅包括对于清真寺的修建以及教内的相互扶助，还包括所有的社会公益活动。在阿联酋的清真认证制度中规定，对于出具"Halal 认证"证明的机构，除了要具备基本的权威性的一般要求外，特别注明"该组织必须有进行慈善活动的记录，例如，建造学校、清真寺、穆斯林公墓、教授阿拉伯语和古兰经以及帮助需要帮助的人等"。这也是清真食品的社会责任内涵贯穿在清真认证中的重要表现。其三，对清真食品消费者强调消费伦理与道德。在今天，消费者对商品的选择不仅仅体现在对其功能性的认可，同时商品也折射出消费者的价值观及消费理念。消费选择是消费者生活方式的选择（the way of life）。从清真食品来看，其基于伊斯兰教的饮食禁忌性规定本身就是消费者社会信仰的体系，是其信仰在饮食中的投射，《古兰经》中规定的"可食用"与"不可食用"的对立层面，本身就是一种消费的价值观与规范体系。这种饮食规则的表象，背后所隐藏的是人们对于周围事物、人际关系、自我身份的认同和感知，并且经过代代相传，成为深层次的行为规则，"Halal 认证"就成为这种深层次规则的符号表达。

除了穆斯林遵守饮食规范是其对身份的认同外，清真食品的其他内涵也符合一般的现代消费伦理与道德规范。其中主要包含了"动物福利"、"适度消费"等因素。当代的消费伦理观，非常重视动物福利的保护。其中为人类提供肉蛋奶等制品的畜禽类农场动物福利也受到了重视。1967年，英国成立了"农场动物福利咨询委员会"，而后欧美国家率先提出了农场动物福利相关概念和基本内容，并且一些国家甚至颁布了相关法律并缔结了国际协议。基本内涵在于，作为供人食用的动物，在成为食品之前，从饲养环境、生存条件乃至运输过程到最后的宰杀环节，都应该确保动物生理和精神的健康，为其提供相应良好、安全的环境，并确保减轻动

---

① 《古兰经》中说："你们绝不能获得全善，直到你们分舍自己所爱的事物。你们所施舍的，无论是什么，确是安拉所知道的"。（3：92）"至于赈济贫民，敬畏安拉，且承认至善者，我将使他达到最易的结局。至于吝惜钱财，自谓无求，且否认至善者，我将使他易于达到最难的结局。"（92：5—10）在这里，伊斯兰教所谓的"施舍"（阿拉伯语称"撒德盖"），就是通过济贫的方式而达到获得真主喜悦和后世幸福的目的。

物在宰杀环节的痛苦和恐惧。① 这一原则，事实上也构成了进入西方肉制品市场的壁垒。而伊斯兰教对于此也有相关的教义和规定。《古兰经》认为动物是真主所创造的，是人类的朋友，人类可以适度获取动物的产物满足自身需求。在此过程中，即使作为人类可以食用的动物也应人道对待，可以通过合理、合法的屠宰和处理手段最大限度减少动物的痛苦。

对于 Halal 食品，为了从源头上保证其"清真"特性，清真食品认证规则中规定对于其饲料的选择必须符合"Halal"，如 2012 年 10 月 16 日出台的宁夏《清真肉奶适用饲料通用标准》中规定，"养殖所用的饲料和饲料添加剂不得含有穆斯林禁忌成分，如不能保证，屠宰前应当进行 40 天净化饲养"。这就避免了很多违反动物伦理道德的采用原本动物的骨粉等作为饲料喂养。同时在清真食品特别重要的屠宰环节中，也充分体现了对于动物福利的保护。② 而在《古兰经》中，一方面鼓励正常的消费和商务活动，另一方面又提出适度的消费理念。③ 这一理念暗合了现代的可持续消费理论。在满足正常消费的前提下，主张对欲望的适度控制，以达到生态的均衡发展。

综上所述，"清真（认证）食品"与所有的消费品一致，既包括功能性（物质属性）的利益，又包含特定的情感属性，这些特质一方面满足穆斯林消费者的精神需求以及特殊的饮食要求及需要，另一方面"清真食品"本身不排斥其他消费者，相反其"清洁"、"健康"、"佳美"的物

---

① 动物被分为农场动物、实验动物、伴侣动物、工作动物、娱乐动物和野生动物六类。世界动物卫生组织尤其强调了农场动物的福利，指出农场动物是供人吃的，但在成为食品之前，它们在饲养和运输过程中，或者因卫生原因遭到宰杀时，其福利都不容忽视。具体而言包括生理福利，即无饥渴之忧虑；环境福利，也就是要让动物有适当的居所；卫生福利，主要是减少动物的伤病；行为福利，应保证动物表达天性的自由；心理福利，即减少动物恐惧和焦虑的心情。

② 在圣训中有关于宰牲的记载："你们当把刀子磨快，给被宰动物予以痛快。"穆圣说："真主命令任何事情都要慈善，如果你们宰牲，就应慈善地宰牲；宰时磨快你们的刀具，要让牲畜休息好。"（《穆斯林圣训集》）同时，对于宰牲时要彻底清洁以及仪式性的过程都表明了对于结束动物生命的尊重与神圣。伊斯兰教屠宰法规定，屠宰要用锋利的刀子，尽量做到刀子下去立刻结束生命，因此特别看重刀口和屠宰位置，务必宰在动物喉结下方，并且要立刻割断喉管，从而切断痛觉神经等使动物麻醉，同时，颈静脉被割断后，大脑供血立刻中断，脑细胞缺氧，动物便失去了"感觉"，感觉不到疼痛。另外伊斯兰教法要求宰牲时不能在活着的动物前进行屠宰从而确保动物的心理福利——减少动物恐惧和焦虑的心情。

③ "真主为他的臣民而创造的服饰和佳美的食物，谁能禁止他们去享受呢?"但是《古兰经》也不是就此宣扬享乐主义，而是提倡适度、中庸的消费，因而告诫穆斯林"你们应当吃，应当喝，但不要过分，真主确是不喜欢过分者的"。

理属性以及其"诚信"、"公平"、"适度消费"等内在的情感属性更迎合了现代的消费者需求与自我认知（见图7-3）。而这也是中国清真食品认证机构通过清真认证向不同的消费者（穆斯林消费者与非穆斯林消费者）所传递的物质利益以及情感利益信号。

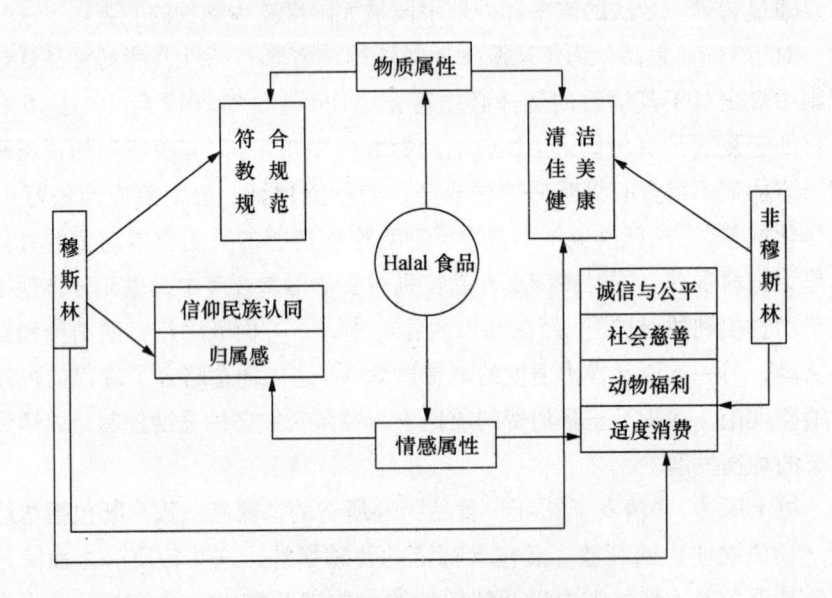

图7-3 清真（认证）食品利益属性

（二）规范清真食品认证流程，增强清真食品认证信度

除了挖掘"清真"内涵，增强不同类型消费者的接受度，凸显清真（认证）食品为消费者带来的物质及情感利益外，清真认证机构还需要严格控制其对企业产品的整体监管，严格根据认证规章监控，从而增强消费者对其所出具的清真食品认证的信赖。

由于清真食品信任品特征，消费者是通过对清真认证本身的认可而选择购买清真食品的。对于其中的穆斯林消费者而言，清真认证意味着其所食用的食品的"清真"属性应是毋庸置疑的。换句话说，对于穆斯林消费者而言，"清真"属性出现问题是零容忍，消费者需要的是绝对安全；而对于非穆斯林消费者而言，选择清真认证食品也是由于对清真食品高安全性的认可；非穆斯林消费者认为清真认证食品本身除了有更加严格的食品生产加工规范，而且其生产、加工及监管过程与"宗教信仰"相关会对人的行为产生约束，从而产品质量的可信度更高。而如果由于认证机构监管出现纰漏而导致经过认证的食品出现了相关质量问题，那么清真认证的质量信号功能则无法体现，消费者不仅仅会拒绝有问题的具体的清真食品认证机构所认证的食品，严重的，甚至会引发连锁反应，对所有中国清真认证机构的认证产生信任危机，这无疑会破坏中国清真食品的整体形象和消费信心。

制约中国清真食品认证机构的认证信度有两个层面的因素。一个是认证机构自身严格监管的意愿，另一个则是认证机构的监管能力。因此除了根据认证规则对认证企业的生产流程、加工过程等环节严格现场监管外，清真食品认证机构还需要提升监测的技术能力，以及对最终产品进行定期和不定期抽检制度。为了应对现代化食品产业的发展，马来西亚目前已宣布对进口的清真食品采用 DNA 检测法，这种方法灵敏性高，任何环节出现问题都可能被检验到[①]，这无疑对中国的清真食品认证机构也提出了相应要求。因此打造高质量的清真食品认证品牌，还需要加强科技投入与多方合作，形成法学、食品卫生、生物科技、伊斯兰法理等多方学者专家组成的团队，从规则制定到监管流程设计乃至实地考察和最终的产品检验，全方位控制，打造被消费者所认可和接受的高质量清真食品认证品牌。

三 清真食品品牌溢价策略分析

对于清真食品生产企业而言，其清真食品品牌能否被消费者选择，根本在于消费者的选择。而对于具体的企业而言，首先应对清真食品市场本身研究，从而结合自身实际，满足不同消费者的需求。

清真食品有其特殊性。其表现就是，对穆斯林消费者而言，是必需品，也就是穆斯林消费者必须遵守《古兰经》的相关规定，只能食用 Halal 食品。同时，Halal 食品又有"普适性"，不排斥其他的非穆斯林消费者的购买，也同样适合其消费。基于此，中国的清真食品厂商所面对的市场可以如图 7-4 所示，以穆斯林—非穆斯林、国内—国际市场两个维度指标分为四个象限。

[①] 也就是所谓"从农田到餐桌"的安全。从种植源头到加工过程以及运输物流，如果食品被污染都会被检测出。

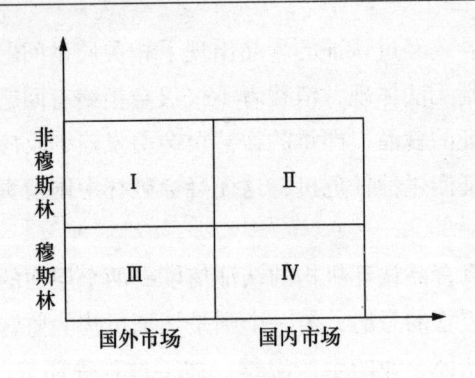

	国外市场	国内市场
非穆斯林	Ⅰ	Ⅱ
穆斯林	Ⅲ	Ⅳ

图 7-4 清真食品市场

其中，象限Ⅰ表示的是国外的非穆斯林食品市场，象限Ⅱ表示的是国内的非穆斯林食品市场，象限Ⅲ则表示的是国外的穆斯林食品市场，而象限Ⅳ则表示的是国内的穆斯林食品也就是国内的清真食品市场。事实上，中国的清真食品可以象限Ⅳ为出发点，一方面突破民族限制在国内市场向非穆斯林扩张；另一方面则通过对外贸易的方式，向国外的穆斯林扩张，甚至最终可以成为国际高质量食品的代言，占领象限Ⅰ市场。

而不同的食品市场其消费者有不同的需求和特点，相应地，针对不同的市场，中国清真食品企业应有不同的品牌策略。

(一) 清真食品品牌溢价的共性分析

从共性上而言，任何一个食品品牌的产品被消费者接受都是因为消费者可以从中获取利益，简单地讲品牌就是食品生产厂商对消费者的利益承诺，该品牌的产品为消费者带来的利益不仅仅包括食品本身功能性的利益（物质利益），还包括情感利益。以下以世界最大宠物食品和休闲食品制造商美国跨国食品公司玛氏（Mars）公司旗下的两大巧克力品牌德芙（DOVE）和 M&M's 为例具体说明这一问题。"德芙"（DOVE），其反复出现的著名广告语——"牛奶香浓，丝般感受"点出了该品牌巧克力能带给消费者的物质利益——"味道香浓，口感好"。而该品牌的英文商标——"DOVE"，是"Do you love me"（你爱我吗）的缩写，这一品牌符号又表明了该产品带给消费者的情感利益——"爱情与甜蜜的代言和感觉"。而该公司的"M&M's"巧克力豆，则以其 1954 年首播的广告语"只溶在口，不溶在手"（Melts in Your Mouth, Not in Your Hand）将其物理品质特性揭示无遗，同时又以"全球新色彩投票"以及其他一系列活动和广告，将 M&M's 巧克力一直持续与目标客户群沟通其品牌背后所赋予的情感及精神内涵——"玩乐·分享·多变"体现出来（见图7-5）。

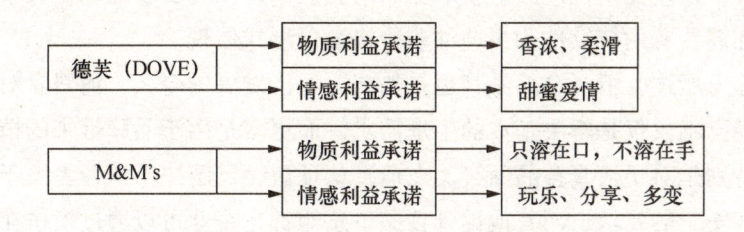

图7-5　巧克力品牌不同利益属性承诺

由图7-5可以清晰地看到，同样都是巧克力产品，并且产品同属于一家公司，而不同的品牌以不同的目标消费者需求为导向，对其消费者进行相应利益承诺。利益承诺除了口感和外观等物质利益的不同之外，带给消费者的情感联想也是不同的。由此可见，食品品牌是生产厂商对消费者的利益承诺，其品牌信用度越高，则消费者所感知的利益获得就越高。食品品牌可从物质利益和情感利益两方面强化消费者的认知，给予品质保证从而使得消费者愿意承担更高的货币支出。从前面的巧克力品牌可以看出，德芙品牌在功能利益承诺上强调其口感的顺滑以及品质的纯粹和浓度，这些都给予消费者巧克力产品的品质保证，对于优质产品，消费者愿意支付更多的货币支出。

食品属于快速消费品。虽然由于其信任品的属性使消费者对未知的安全、健康因素有更多的考虑，但从实质上来看，不同厂商之间产品差异很小，特别是在外部的市场环境优化，食品的安全监督体系逐步建立健全后，对消费者而言，其给消费者带来的物质利益会趋同。但是食品品牌除了赋予消费者物质利益承诺外，更重要的是给予消费者情感承诺，使得消费者对其品牌下的产品有情感联系从而获取更大的利益及满足感。就上面的巧克力品牌而言，无论是"德芙"还是"M&M's"，其物理的外在特性，香浓顺滑或者是对不同温度下融点的控制都是可以模仿复制的，但是其作为先入的在位者并通过品牌传播不断强化的带给消费者"爱情"以及"分享·快乐"的情感联系给予了生产厂商更持久更大的溢价空间。当然，快速消费品与一些耐用消费品以及奢侈品相比，在市场中所体现的绝对价格溢价程度有限，一般在30%以内（卞卉、沈进，2006）。而更多以市场占有量和消费者的持续性购买来体现。因此，在食品品牌溢价中，不仅仅以绝对的价格溢价形式，即生产厂商凭借自身的品牌信用度而进行高定价，以期在单位产品上获取更高的利润率；同时更多地以扩大市场占有量和消费者的持续性购买这种非价格溢价形式体现。

综上所述，清真食品品牌也是如此，经济发展的今天，消费者对食品的选择已不仅仅是解决基本的生理需求，而更多是由于品牌带来的情感需要。特别是对于清真食品而言，在清真认证后，已解决了消费者关于产品质量和安全的要求，而其他提升食品口感等都是企业可以通过模仿在竞争中学习的，能够真正吸引并激励消费者购买的是具体的清真食品品牌为消费者带来的情感联想，这也是清真食品品牌溢价的根本来源。

(二) 传统的清真食品生产企业品牌溢价策略分析

传统的清真食品生产企业是指那些只生产经营清真食品的企业。这类生产企业现在就位于图7-4中的象限Ⅳ，也就是国内的穆斯林消费市场，而进一步扩张其市场范围则应主要面向国外的穆斯林消费市场以及国内的非穆斯林目标消费群。

中国现有的清真食品生产企业目前最大的问题在于企业规模小、生产价格技术落后以及清真食品种类少，主要集中于清真餐饮以及清真肉制品企业，大多数生产企业不重视对其品牌的培育。通过对清真食品的消费者调查发现，虽然无论是穆斯林消费者还是非穆斯林消费者对清真食品都是可以接受的，但是对于清真食品品牌的认知度却不高，更多集中于"兰州拉面"等传统餐饮或者一些当地清真小吃。其实中国清真食品与伊斯兰教在中国的传播几乎同步，因此存在着传统、有着悠久历史的清真食品品牌。如北京的"东来顺"、"祥聚斋"、"月盛斋"，云南的"马老表"，南京的"绿柳居"等。对于这些传统品牌而言，如何在保留其历史沉积下来的传统韵味和精华的同时，更加符合现代化饮食理念以吸引更年轻的消费者，是其需要解决的问题。其实传统本身就是这些品牌的利益点，传统所包含的企业文化、怀旧情绪以及品牌故事，都会成为其品牌带给消费者的情感体验。如何用现代化的品牌理念将这些体现出来，吸引消费者并被消费者所感知，才能为这些品牌的溢价提供可能。

除了传统的清真食品品牌外，还有如"皓月"、"可可西里"等现代化的清真食品专营企业。这些企业本身属于食品工业化的产物，可以满足大批量、规模化、现代化生产需求。由于目前清真食品市场尚未饱和，这些企业目前销售压力并不大，一直致力于生产技术水平的提升和生产产量的增加，寻求规模效应。但是正如第五章对于清真食品溢价机制的分析，从长期看，清真食品市场的竞争会日趋激烈，一方面原有的清真食品生产企业会扩大生产规模占有市场；另一方面原来的非清真食品生产企业也可以通过清真食品认证的方式，参与到清真食品的竞争中。同时，清真食品的对外贸易是相互的，中国的清真食品可以出口至国外市场，其他国家的清真食品也可以参与中国国内市场的竞争，因此产量的增加不一定意味着企业利润的增加，企业利润的增加根源是品牌带来的消费者选择以及消费者支付的溢价。

对于专营清真食品的品牌而言，一方面应凭借其本身在穆斯林消费者心目中具备纯正的清真食品形象进一步加强品牌带给穆斯林消费者更深层次的情感联系；另一方面在面向非穆斯林消费者时应传达品牌的包容性以接纳更多的消费者开拓新的市场。

（三）知名品牌通过认证后进入清真食品市场的品牌策略分析

原有的清真食品品牌不仅仅将消费者局限于穆斯林消费者，而致力于扩张至非穆斯林消费者；同样地，面对清真食品市场持续的增长潜力，一些原非专门从事清真食品生产的企业也通过投资并购并获取产品清真认证的方式加入到清真食品市场的竞争。即从原本的象限 I 逐步扩张至象限 IV。由于这些生产厂商其原有品牌已有一定的知名度，进入新的市场和面对新的消费者时，是否沿用原品牌以降低引入费用就成为其品牌延伸（brand extension）策略中所首先面临的问题。

根据清真食品认证及管理相关规定，均要求生产企业的名称、商标不得有穆斯林禁忌的内容。而这些企业的产品只要通过清真认证就意味产品商标未违反这一规定。Aaker 和 Keller（1990）指出，企业进入新的市场需要成本从而承受财务风险，因此企业选择用现有品牌的方式来节约品牌推广费用。同时还指出，是否采用原品牌需要评判该品牌与新进入市场之间的匹配性，其中，主要衡量指标为互补性、替代性以及技术转移能力。如果其综合指标均合格则保留原品牌和其累计的声誉是可行的。而具体分析这些认证后进入清真食品市场的知名品牌制造商，首先，其原有品牌已被消费者认可；其次，经过了清真食品认证，证明其具备生产清真食品的能力；最后，原本就是食品生产或经营企业，其商标名称中又不含有穆斯林禁忌内容，似乎都是匹配的，但是在实际延伸过程中，却面临着其品牌延伸后的情感迁移与清真认证情感因素冲突的制约。下面的案例可以很好地说明这一问题。

> 2008年9月9日晚，河南省民委接到焦作市民族宗教局反映，当地有回族群众收到手机短信，内容是："漯河市伊协发表声明，双汇清真鸡肉肠、牛肉肠的成分里有猪肉，希望广大穆斯林广为传播。"河南省民委对此高度重视，当晚立即通知漯河市民族宗教局，要求查明真相，维护社会稳定。
>
> 漯河市民族宗教局接报后，立即开展调查。调查发现，手机短信内容不实，漯河市伊斯兰教协会并未发表上述声明；同时在调查中发现互联网上一个名为"快快乐购物"网站展示的"双汇清真香甜鸡肉王"，其配料说明标示为"猪肉、鸡肉"等，标示还有"漯河市清真食品管委会、漯河市伊斯兰教协会监制"字样，生产商为"广东双汇食品有限公司"。针对调查了解到的情况，漯河市民族宗教局立即向市委、市政府主要领导进行汇报，并深入双汇集团清真食品生产车间调查后认为，网站展示的"双汇清真香甜鸡肉王"产品与双汇集团生产的该产品配料和生产厂家均不符，河南双汇投资发展股份有限公司清真车间是双汇集团清真食品生产的唯一单位，其产品符合清真食品的一切要求……①

该案例是一起真实事件，而所反映的品牌危机最终也得以平息，但是仔细分析事件，虽然其产生起因是由于购物网站上所标示的产品错误而引发关于"双汇集团违规生产清真食品"的虚假信息很快在全国范围内造成强烈反应，与其产品的实际质量无关，但从中也暴露了"双汇"的清真食品品牌的策略失误。具体分析如下：

双汇集团是中国大型的肉类加工食品集团，是中国最大的肉制品加工基地。而当时的双汇的清真香肠是由河南双汇独立的清真车间所生产的，

---

① 刘世军、张勇、马慧萍：《对成功处置一起网络传播虚假信息事件的思考》，《中国民族报》2009年12月8日，http://www.mzb.com.cn/html/Home/report/112159-1.htm。

同时这一清真车间是经过漯河市源汇区民族宗教局所认定的清真食品生产单位。报案后，通过现场检查，该生产单位的原料采购、生产加工、仓储运输等各个环节均是在漯河市伊斯兰教协会严格监管下单独进行的，完全符合国家清真食品生产管理规定和食品市场准入要求。因此产品完全符合"清真（认证）食品"的相关规定，并没有所说的质量问题。

但是谣言得以在穆斯林消费者中迅速流传的原因是因为其双汇品牌在通过清真认证后其品牌延伸策略出现问题。对于双汇而言，通过清真食品认证就证明其本身具备清真食品生产的条件和技术能力，而作为国内大型肉类加工食品集团，其长期品牌信用度也高于一般肉类品牌。由此可见，在物质属性上，无论是"清真认证"的规范还是产品本身质量，双汇品牌并没有问题。这一案例就揭示了知名企业通过清真认证后进入清真食品认证所面临的主要问题——品牌延伸后的情感迁移问题。或者说，原品牌的情感联想与清真食品认证本身是否存在情感属性的冲突。其基本原理分析如下。

首先将消费者对品牌利益感知纳入到映射集合中。对于清真食品而言，首先应经过清真食品认证，其"清真"概念有严格的"禁忌性"，假定消费者将"清真"的禁忌性相关内容所产生的联想映射至有限集合 B 中，同时消费者对品牌的情感联想可以映射到有限集合 A 中，则：

$$\alpha = \begin{cases} 1 & A \cap B = \phi \\ 0 & A \cap B \neq \phi \end{cases} \quad (7.1)$$

其中 α 为冲突因子。当食品品牌的情感联想与清真的禁忌本身没有联系时，即集合 A 与集合 B 的交集为空集，则证明食品品牌与清真认证的情感联系上没有冲突，此时 $\alpha = 1$；相反当 $A \cap B \neq \phi$，则说明消费者对品牌的情感联想与清真的"禁忌性"相关内容重合，则证明该品牌的情感联想与清真认证本身冲突，此时冲突因子 $\alpha = 0$，由此，清真食品消费者对该品牌所生产清真食品的接受度弱，很容易引发品牌危机。[①]

而具体到上述双汇的案例就存在这样的问题。虽然双汇本身商标未直接包含穆斯林所禁忌含义，但是双汇一直在国内以猪肉制品领先者而著称，甚至其企业董事长在对外宣传中，也经常以自身为企业生产的猪肉制

[①] 清真食品不同于一般商品，本身有禁忌性的规定。因此在品牌延伸中，更注重的不是衡量所谓的品牌契合而是需要衡量其是否存在情感属性冲突。只要不存在情感属性冲突，经过清真认证本身就说明可以达到质量标准，因此不再看专业契合度。

品代言。如在记者的多次报道中，都有这样关于双汇董事长本人这样的描述：万隆很喜欢自己"中国第一屠夫长"的称号，当有人问他，"您最喜欢做什么事？"万隆的回答一直是："杀猪，把猪杀好。"①

由此，根据对消费者关于的双汇品牌的情感迁移因素影响下，其品牌的情感联想与清真认证的情感属性有冲突，因此采用品牌延伸的策略是错误的。基于此双汇近期推出了新的清真食品专用品牌——"清伊坊"，力图淡化双汇对其旗下清真食品的影响，为企业进入清真食品市场打造"中国清真食品第一基地"努力。出于同样的考虑通过认证进入清真食品市场的其他一些知名大型肉类品牌也采用了为清真食品设立专门品牌的策略，如雨润控股集团有限公司携其旗下清真品牌"伊润"以及金锣旗下的"尚清斋"等。这些企业原本都属于非传统的清真食品生产企业，而通过清真认证进入到清真食品领域，在其品牌策略中，考虑到原品牌与清真认证在品牌迁移过程中的情感迁移问题，而采用了新的商标，同时为了更贴近穆斯林消费者的情感需求，在新商标上从具体的商标名称、图案以及外包装的设计上都突出了清真食品特色。如产品外包装采用清真食品传统的绿色以及在图案设计上用清真寺、月牙等具有伊斯兰特色的图形等。这些知名肉制品品牌经认证在进入清真食品市场后选择采用新品牌的模式，是由于原主营的肉制品产品本身含有"清真"最"禁忌"的成分，而过去产品与其母品牌紧密的联系，容易使得穆斯林消费者将投射到"禁忌物品"厌恶的负面情感转移至其品牌上，而与"清真"本身的内在情感属性冲突。

而其他一些品牌，虽然不是清真食品专属品牌但是消费者对于其品牌情感联想与清真食品本身不存在冲突，则可以采用沿用原品牌以节约推广费用和沿用原有声誉获取消费者认可。如方便食品类的"康师傅"就是典型例子。

"康师傅"是方便面市场的主导品牌，最早旗下并无清真食品，而在早期宣传中，其主推产品一直是牛肉面，因此消费者对"康师傅"这一品牌可马上联想到"牛肉面"，而牛肉面本身不属于清真食品的禁忌物，因此后期"康师傅"通过清真食品认证方式将其产品延伸至清真食品领域，仍然保留了原品牌，并没有引起穆斯林消费者恐慌，相反由于这一品

---

① 李玲玲：《双汇遭遇"瘦肉精"以后》，《人民文摘》2011年第5期。

牌本身在方便食品中的地位和信用度，在新市场的开拓中反而使其占得先机，大大节约了新产品的推广费用和营销成本。

（四）清真食品生产厂商对于清真认证本身的选择

清真食品生产厂商对于清真认证本身的选择也属于其品牌策略范畴之内。对于清真食品生产消费者而言，清真食品认证以及清真食品品牌二者事实上形成了联合品牌，这对于消费者所感知的最终产品的品牌信用度大小有影响。在市场上同时存在信用度不同的清真认证的前提下，清真食品生产厂商应选择与自身品牌信用度相匹配的认证。而这种匹配，最重要的就是信用匹配。

假设市场上有 n 个清真食品品牌，同时市场上有 m 种不同的清真食品认证，其中 B 为清真食品品牌信用度，$B \in [0, 1]$；C 为清真食品认证信用度，$C \in [0, 1]$。B_i 表示为第 i 个清真食品品牌的品牌信用度，$i = \{1, 2, \cdots, n\}$；C_j 表示为第 j 种清真食品认证的信用度，$j = \{1, 2, \cdots, m\}$，则采用第 j 种清真食品认证的第 i 个品牌的联合信用度为：

$$B_{cb} = \alpha \sqrt{\frac{C_j(B_i + 1)}{2}} \tag{7.2}$$

其中，α 为冲突因子（见公式 7.1），反映的是产品品牌与清真认证之间的情感契合度（品牌冲突）。根据上文，如果食品品牌的情感联想与穆斯林禁忌有关则 $\alpha = 0$，反之则取 $\alpha = 1$。只有涉及非清真食品品牌延伸至清真食品领域的情况才存在 $\alpha = 0$ 的可能，在通常情况下，将 α 视为 1。由此清真认证与食品品牌的联合信用度公式可改写为：

$$B_{cb} = \sqrt{\frac{C_j(B_i + 1)}{2}} \tag{7.3}$$

而根据清真认证相关通则规定，只要通过清真认证，则证明该品牌产品从物质属性上符合相应清真认证的标准，消费者就可以接受，从公式（7.3）中可以看出，在极端情况下，即使食品品牌信用度 $B_i = 0$ 时，其清真食品品牌联合信用度 $B_{cb} = \sqrt{\frac{C_j}{2}} > 0$ 仍恒成立。由此可以看出，清真认证的信用度 C_j 发挥了显示食品"清真"（Halal）属性的质量信号的作用，获取清真食品认证，可以成为食品品牌进入清真食品市场的"准入证"和信用背书。消费者，特别是穆斯林消费者凭借清真食品认证信息来判断该品牌产品是否可以食用。相反，当食品未取得清真食品认证，或清真食品认证信用度低，即 $C_j=0$ 或趋向于 0 时，则 B_{cb} 趋向于 0，此时消费者不认可其属于"清真食品"，而选择拒绝购买。

当 $C_j \neq 0$ 时，生产厂商在其自身品牌信用度一定的情况下，以自身可以达到的认证水平为约束，会寻找清真认证信用度最高的，从而使联合信用度最大化。这再一次证明了，清真食品认证在实际上也接受着市场上来自消费者和食品生产厂商的选择，本身也存在品牌化策略问题。

综上所述，清真食品品牌溢价机制与一般商品品牌溢价机制相比，既有其共性又有其个性。共性在于，在过剩经济条件下，竞争促使生产厂商所提供的产品功能利益趋同，而消费者对产品选择的动力则更多地来自于该产品品牌所赋予消费者的情感利益，这也是清真食品品牌溢价的源泉。而清真食品本身的特殊性和禁忌性规定，使其在"清真"这一质量属性上具有完全的信任品特征，由此清真食品只有通过认证，才可以进入消费者的选择集合。因此，区别于一般商品，对于清真食品而言，消费者必须通过"清真食品认证"以及产品的具体品牌信息来衡量食品的利益属性，在事实上存在着"清真认证"与产品品牌双重选择及联合品牌信用问题，由此清真认证机构不仅仅作为第三方为生产厂商的产品提供信用保证，同时其自身也接受着来自生产厂商与消费者的选择与检验。提升自身信用度，增强消费者对"清真食品"的认同感对于清真食品产业整体的发展意义重大，清真食品不仅仅面对穆斯林消费者，同时由于食品本身的"普适性"，通过打造清真食品"高质量"的食品形象以及通过挖掘"清真"内涵与消费者生活理念和生活方式的共性，从而可以吸引非穆斯林消费者的购买。而在具体的品牌溢价策略方面，传统的清真食品生产厂商应在保留传统的基础上适应标准化、规模化的生产方式，在保证食品品质的同时用情感利益吸引消费者；而通过清真认证后进入的非传统清真食品制造商则应判别其原食品品牌与"清真"的情感联想之间是否存在冲突，而后选择是否采用品牌延伸策略，最后，清真认证与清真食品品牌的联合信用会影响到清真食品品牌的溢价能力。

第八章 总结与研究展望

第一节 总结

在商品经济社会，市场发挥着资源配置的基础作用。产品转换为商品，最终需要经过市场的检验——即消费者的选择。提供消费者所需要的产品，从而获取利润，是企业得以存在和发展的基础。在短缺经济时代，企业利润最大化的核心在于规模化大生产，以最低成本提供更大产量；而当经济发展到"生产过剩"阶段，生产企业之间的竞争日趋激烈，企业必须转变观念，从原有的"推式"销售模式，转变为"拉式"即以消费者选择为中心的品牌理念，只有产品为消费者创造最大利益时，企业才可以将产量转化为销量，从而实现利润。清真食品产业也遵循这一规律。因此研究清真食品溢价也应从消费者选择入手。

随着食品工业化进程以及居民收入水平的提高，人们对食品安全日益重视。而清真食品这一特殊食品，由于关于其食品的成分以及食品的制作方式方法均有与伊斯兰教相关的"禁忌"性规定，要求食品必须是"Halal"的，因此清真食品的安全含义则有更严格的规定。这些关于食品的"清真性"判别，消费者无论在消费前还是消费中乃至消费后都难以确定，由此，清真食品较一般食品更具备信任品的天然特征。

清真食品信任品特征，引发了清真食品市场中信息不对称的问题。其中清真食品生产者属于信息优势方，其掌握了清真食品的完全信息，而清真食品的消费者属于信息劣势方，对于清真食品的组成、生产流通过程等并不了解。从信息经济学的角度，要解决这一问题，需要相应的制度安排以获取有效清真质量的"信号传递"。通过梳理发现，清真食品认证制度是随着社会化大生产、商品经济的繁荣以及食品工业化和跨地区贸易繁荣而发展的。其中经历了经营清真食品的商人以具有伊斯兰特色的物品和文字图案等形成"清真牌"主动传递信号作为经营者穆斯林身份证明,从而方便穆斯林消费者判别确保其购买清真食品的合法性,到为了满足国内食品需求,委托出口国所在地穆斯林机构监管生产流程的委托代理制度,而后发展至今天的第三方现代的清真食品认证制度的建立。现阶段的清真认证是指由第三方(非供方,也非需方;非生产者,也非消费者)经授权的独立的权威机构根据《古兰经》和《圣训》等相关规则,对厂家的产品或生产体系进行认证与监督,并就通过与否签发检测报告与证书的过程。取得清真认证也就说明产品质量和安全符合清真标准。通过清真食品认证,第三方认证事实上是清真食品认证机构通过信用"背书",以自身信誉担保食品的清真属性。随着清真食品工业化趋势,社会分工细化和生产链的不断延伸,清真食品信任品属性所引发的信息不对称问题更加严重。清真食品生产者拥有更多信息,而清真食品消费者信息劣势地位更加明显。为了争取消费者,扩大市场,清真食品生产者通过产品的清真认证,采取信号传递方式来显示食品的清真属性和质量水平,而同时消费者也会通过认证信息来进行信息甄别以确定是否购买。由此清真食品认证成为食品生产厂商进入清真食品市场的"准入证",也是其产品获得穆斯林消费者认可的前提条件。除了清真食品认证信息证明其内在的清真食品质量特征外,清真食品生产厂商长期建立的清其食品品牌也可以发挥声誉作用,成为解决清真食品市场信息不对称问题的重要手段。清真食品认证体系是否可以发挥其信号职能,解决市场信息不对称问题,关键在于认证信号(清真认证在食品外包装的标签信息)对生产商和消费者是否具备激励效果,是否可以达成分离均衡。而其中的重点就是确保认证信息的真实可靠,消费者根据认证信息选择购买商品,同时不具备清真食品生产要求的企业的产品则无法通过认证进入市场。由于清真食品市场本身有增长潜力,企业是逐利的,因此对于有欺诈行为的厂商应提高其违规成本。具体可以通过多方监管以及增大惩罚力度来控制。

然而取得清真食品认证并不意味着必然被消费者所选择,溢价更无从谈起。因此分析清真食品消费者购买决策则十分重要。如前所述,清真食品本身具有"禁忌性"特征,是穆斯林消费者的生活必需品。但是同时,清真食品的"限定"性规定并没有延伸至对于消费者类型的限制。以中国为例,除了受到宗教影响的穆斯林消费者外,受到风俗习惯影响的以回族为代表的少数民族以及其他非穆斯林消费者均可以购买清真食品。在美国，"Halal"（清真）食品的购买群体也延伸至犹太消费者以及其他非穆斯林消费人群。

由此可见，清真食品生产企业通过"Halal（清真）认证"进入清真食品市场，而清真食品的消费者在购买决策中也有别于一般产品。具体表现在：其一，清真食品的消费者有两种类型，即穆斯林消费者与非穆斯林消费者；其二，任何清真食品的消费者都面临着清真食品认证与清真食品品牌的双重选择；其三，不同的清真食品消费者在选择清真食品时的决策规则是不同的——两类消费者购买清真食品的两阶段选择顺序不同。由于食用"合法"食品是虔诚穆斯林的义务和责任，因此在剔除其他因素干扰的前提下，穆斯林消费者选择购买食品首先考量的因素是是否清真即产品是否取得清真认证。在同属清真认证食品的前提下（假定清真认证是统一有效的）第二阶段对食品品牌进行排序和选择。而非穆斯林消费者在购买清真食品的过程中，首先选择的是食品品牌（根据偏好，品牌认知也就是对 brand credibilty 进行评价），选择出食品品牌后再继续对品牌是否是清真产品进行选择。从穆斯林消费者的两阶段模型中可以看出，清真认证是食品进入穆斯林消费市场的通行证，通过清真认证降低了穆斯林消费者的信息费用即交易成本；而通过厂商不同的品牌信用度（可信度和专业度），来降低消费者的选择成本。从非穆斯林消费者两阶段模型中可以看出，非穆斯林消费者有意识地选择清真食品，依然先从品牌出发，同时对于清真食品有风味、更高安全的考量会进入第二步选择。其选择规则遵循字典序偏好决策法。

根据消费者的两阶段选择模型可以发现，清真食品认证本身已成为清真食品的"清真"属性的外在质量信号，并且与食品品牌一起共同成为消费者选择的重要影响因素。对于不同类型的消费者而言，清真认证与食品品牌对消费者的影响程度不同。对于穆斯林消费者而言，清真食品认证是其购买决策考虑的首要因素，而品牌选择则是影响其决策的决定因素。而对于非穆斯林消费者而言，清真食品本身不是其生活必需品，但当消费者对清真食品认证认可度提升，则出于食品安全、健康或者口感风味考虑会增加购买清真食品的概率。

在信息不对称的市场中，清真认证本身发挥"质量信号"功能，可以降低消费者风险感知度以及节约信息搜寻成本，因此消费者从食品安全角度考虑有清真认证支付的意愿。但是根据伯特兰模型以及霍特林模型的分析不难看出，随着清真食品市场整体利润的提升，大量新进入者以通过清真认证的方式进入到市场参与竞争，最终会导致清真食品市场平均利润水平下降最终趋于零。由此，只有食品品牌带给消费者可感知的品牌资产才是清真食品产生溢价的来源。品牌，即与目标顾客达成的长期利益均衡的利益符号。假定外部的清真食品认证体系是稳定有效并统一标准的，经过清真认证后，清真食品带给消费者的物质利益趋同，此时食品品牌带给消费者所感知的情感利益才是清真食品溢价的主要推动力，同时，品牌信用度可以从降低风险以及节约选择成本两个方面为产品溢价进一步提供空间。

本书通过采集有限样本对清真食品消费者态度进行了调研。基于文献整理和实际预调研分析，清真食品对消费者的身份本身并不限制。因此实际调研中，既包括穆斯林消费者也包括非穆斯林消费者。其中重点对消费者对食品安全的态度、为食品安全的支付意愿、食品购买风险感知度以及对清真食品和清真认证的认知、食品购买考虑因素以及对清真认证食品和清真食品品牌溢价支付意愿等几个方面通过李克特量表进行了调研，同时采用了 Logit 分析法、主成分因素分析法以及结构方程对调研数字进行了处理。调研结果表明，穆斯林消费者在购买食品中首先查验清真认证相关信息，而非穆斯林消费者则将清真认证作为与"有机食品"、"绿色食品"等相类似的食品（安全）质量补充信息在消费选择和决策中发挥作用，这与本书的不同类型消费者两阶段选择理论模型假设是吻合的。而其中，穆斯林消费者与非穆斯林消费者都认为"清真食品认证"对于清真食品的选择和购买是十分重要的，同时，非穆斯林消费者对于"清真认证"后食品并没有排斥。同时调查数据还表明，随着收入水平的提高，消费者对食品安全有支付意愿，同时，对清真食品具有一定认知的消费者认为，清真认证食品相对安全。而根据结构方程的路径分析得出，清真食品品牌与认可程度与消费者所接纳的清真食品溢价正相关，这一结论对清真食品品牌溢价规律研究形成了良好的支持。这与本书的理论假设和模型也是吻合的。

从中国实际来看，清真食品产业的发展有重要意义。一方面，中国本身就有穆斯林人口近 2100 万人，国内市场本身有对清真食品的需求；另一方面，随着国际清真食品这一新兴市场的日益繁荣，发展清真食品对外贸易无疑可以成为中国新的增长点。但反观中国清真食品产业总体状况，却存在很多不足。一方面，企业规模小，经营手段和方式落后，缺乏品牌意识，不能满足国内清真食品消费者日趋增加的需求。另一方面，中国清真食品出口在整个国际清真食品市场上占据份额小。同时，中国清真食品与巴西、新西兰、加拿大、美国等传统清真食品出口大国相比，其产品从规模到价格均不占优势。因此中国清真食品产业的发展应从实际情况出发，以消费者需求为核心，打造中国清真食品品牌，提升中国清真食品的溢价能力。首先，加强国家层面的政策供应，加强清真食品的相关立法与监管，通过制定统一标准的各地方法规打破国内清真食品贸易壁垒，通过国家之间的清真食品认证互认制度使中国清真食品与国际标准接轨并获得其他国家和地区的认可，同时形成政府、企业、第三方认证机构、消费者等多方信息的良性互动，从而维护清真食品市场的健康有序运行。其次，作为用自身信用为食品的清真性"背书"的第三方认证，本身也应品牌化。国际清真食品市场的竞争，不仅仅是产品的竞争，也是标准和认证的竞争。消费者购买清真食品，选择的不仅仅是食品品牌，还有清真认证。因此，发掘"清真"带给不同消费者（穆斯林消费者与非穆斯林消费者）的利益，增加清真认证的信用度，是中国清真食品认证机构发展的重要举措。对于清真食品生产企业而言，在取得清真食品认证前提下，针对不同目标顾客，选择正确的品牌策略，通过食品品牌与清真食品认证的联合信用度的提高，降低消费者的交易费用和选择成本，提升消费者感知的情感利益是其实现品牌溢价的核心内容。

第二节 研究展望

清真食品的研究包含内容非常广泛，本身具备综合性强，多角度、交叉融合的特点，需要涉及食品、生物科技、民族学、宗教学、消费心理学、法律、经济学等相关学科领域。本书主要着眼于经济学角度，以消费者选择为出发点，指出清真食品消费者面临着清真食品认证与清真食品品牌的双重选择。其中清真食品认证既是生产厂商进入清真食品市场的"准入证"，也是清真食品的外部"质量信号"，有效的清真食品认证可以降低消费者的交易费用，而清真食品的最终溢价是源于食品品牌为消费者提供其可感知的利益属性，特别是在同样经过"Halal 认证"后，清真食品的"清真"这一物质质量属性趋同，而消费者最终是由于食品品牌所带来的情感利益属性而愿意承担高于同质量产品的价格，这正是清真食品品牌溢价机制的内在机制。同时，通过客观分析中国清真食品产业的发展现状，为中国清真食品产业的发展提供相关策略支持。但受到研究背景及相关资料的限制，仍存在着以下不足和未来的研究空间：

首先，本书从经济学角度阐述了清真食品认证制度的产生和发展的内在动力——清真食品天然的信任品特征。但是对于认证制度的研究主要基于经济学视角，而清真食品认证体系的建立和完善涉及更多法律层面的理论及实践支持。特别是在目前，中国尚无统一的清真食品认证及管理法规，如何协调各地区不同的法律规章、如何规范清真食品认证机构行为以及如何判别和界定清真食品认证文书的法律地位，这都需要法学界的专家和学者共同研究。

其次，本书对清真食品消费者购买行为进行了调研，但是由于时间和物力财力的限制，样本数量及调研方法都有待进一步完善。未来可根据本书前期的相关调研经验，扩大调研范围，以更科学的取样方式，获取更多样本，并丰富调研内容，以期获取更为翔实的清真食品消费者态度资料，从而为进一步深入分析提供实证基础。同时，在今后研究中，可以增加对于企业层面的调研，从供需双方不同角度对清真食品溢价机制进行实证分析。

最后，清真食品产业发展是一个系统工程。本书主要是引入品牌经济学研究范式，对清真食品品牌化策略以及溢价机制进行研究。而中国整体清真食品产业的发展，则需要金融、物流、食品加工制造、商业、教育科研等多方面的支持。同样地，对于这个领域的研究也需要更多不同领域学者的相互协作。如清真食品立法和监管的确立需要民族学、宗教学以及法律专业的专家共同进行研究，同时清真食品标准的设立以及标准清真食品安全的相关检测则需要食品生产与食品安全方面的学者，涉及生物、食品工业制造等方面的领域。即使是在清真食品品牌化策略中，清真食品认证本身的法律地位如何界定这也需要协同法学相关学者合作研究。由此可见，清真食品产业发展对中国意义重大，该领域的研究也刚刚起步，有很大空间，希望能得到更多不同领域学者的关注，从而为中国清真食品产业发展提供相应策略支持。

附录一　关于清真食品的消费者调查问卷

您好！

　　这是一份学术研究性问卷，本问卷不记名，问题的答案没有对错好坏之分。请您按照您真实的想法填写，您的答案仅作为学术研究所用，不会泄露您的隐私，对您百忙之中的协助致以由衷的感谢！

一、基本信息（请您选择最符合您实际情况的选项）

1. 您的性别［单选题］［必答题］

①男

②女

2. 您的年龄［单选题］［必答题］

①20 岁以下

②20—29 岁

③30—39 岁

④40—55 岁

⑤55 岁以上

3. 您的受教育程度（包括正在攻读的最高学历）是［单选题］［必答题］

①初中及以下

②高中

③专科

④本科

⑤研究生及以上

4. 您的家庭月平均收入［单选题］［必答题］

①1000 元以下

②1001—2000 元

③2001—5000 元

④5001—10000 元

⑤10000 元以上

5. 您每个月的食品消费支出是［单选题］［必答题］

①500 元以下

②500—1000 元

③1001—2000 元

④2001—4000 元

⑤4000 元以上

6. 您的民族（请选择类别并填写您的民族信息）［单选题］［必答题］

①汉族及其他不信仰伊斯兰教的少数民族

②回族等信仰伊斯兰教的少数民族

二、态度信息（请您选择最符合您答案的选项）

请根据您的实际情况选择最符合的选项：①—⑤表示：非常不认同—非常认同

7. 您对食品安全的重视程度是［单选题］［必答题］

①很不重要

②不重要

③一般

④重要

⑤很重要

8. 您对当前食品安全现状整体评价是［单选题］［必答题］

①很不满意

②不满意

③一般

④满意

⑤很满意

9. 您愿意为安全的食品多支付费用［单选题］［必答题］

①很不愿意

②不愿意

③一般

④愿意

⑤很愿意

10. 您对清真食品品牌的认可态度 [单选题] [必答题]

①排斥

②较排斥

③一般

④不排斥

⑤只购买清真食品品牌的产品

11. 您认为什么是清真食品 [单选题] [必答题]

①不含猪肉和猪油的食品

②穆斯林制作的食品

③经过清真认证的食品

12. 清真食品必须经过认证 [单选题] [必答题]

①很不同意

②不同意

③一般

④同意

⑤很同意

13. 您认为清真食品应由什么机构认证 [单选题] [必答题]

①伊斯兰教协会

②政府机构

③独立的第三方认证机构

④均可

14. 您认为清真认证食品比一般食品安全度高 [单选题] [必答题]

①很不同意

②不同意

③一般

④同意

⑤很同意

15. 假定清真食品安全性高，您愿意为其多支付费用 [单选题] [必答题]

①很不愿意

②不愿意

③一般

④愿意

⑤很愿意

16. 您在选择食品时，依次会考虑哪些主要因素（请选择三项并按先后次序排序）［排序题，请在中括号内依次填入数字］［必答题］

[ ] 认证信息（包括质量认证、绿色食品认证、有机食品认证、清真食品认证等）

[ ] 食品品牌

[ ] 价格

[ ] 生产日期

[ ] 营养成分

[ ] 配料信息

[ ] 生产厂商信息

[ ] 其他

17. 您在选择购买清真食品时，会依次考虑哪些重要因素（请选择前三项并按先后次序排序）［排序题，请在中括号内依次填入数字］［必答题］

[ ] 清真食品认证信息

[ ] 食品品牌

[ ] 价格

[ ] 生产日期

[ ] 营养成分

[ ] 配料信息

[ ] 生产厂商信息

[ ] 其他

18. 您在购买清真食品时会认真查看清真认证标志［单选题］［必答题］

①很不符合

②不符合

③一般

④符合

⑤很符合

19. 您购买（清真）食品的主要场所是 [单选题] [必答题]

①普通超市货架

②专门的清真超市或者清真食品专柜

③网购

④其他（请列出）

20. 您主要购买的清真食品类型是 [多选题] [必答题]

①肉制品

②清真方便食品

③烘焙食品

④其他

21. 您购买清真食品的原因是 [多选题] [必答题]

①安全

②健康

③风味

④心理认同

⑤其他

22. 您认为购买清真食品方便吗 [单选题] [必答题]

①非常不方便

②不方便

③一般

④方便

⑤非常方便

23. 面对相同的食品品牌，您会优先购买清真食品 [单选题] [必答题]

①很不同意

②不同意

③一般

④同意

⑤很同意

24. 同类型的清真食品，您会优先考虑只生产清真食品的食品品牌 [单选题] [必答题]

①很不同意

②不同意

③一般

④同意

⑤很同意

25. 您能接受的高质量经过认证的清真食品品牌产品高于一般食品多少价格支付 [单选题][必答题]

①10%以下

②10%—30%

③30%—50%

④50%—70%

⑤70%以上

26. 您所熟悉的清真食品品牌有 [填空题]

附录二　宁夏回族自治区清真食品认证通则

宁夏回族自治区清真食品认证通则

1　范围

本标准规定了宁夏回族自治区清真食品认证通则的术语与定义、总则、申请认证的清真食品生产经营企业资质要求、清真食品原材料及其来源的要求、清真食品加工规范要求及清真食品的标志、包装、运输、存储。

本标准适用于在宁夏回族自治区境内进行清真食品生产经营的企业，是规范生产经营资格、生产准备、操作、包装、运输、存储、销售的认证通则。是宁夏地区食品生产经营企业使用"清真（HALAL）食品"标识名称应当遵循的基本准则。也适用于清真食品安全管理监督。

2　规范性引用文件

下列文件中的条款通过本标准的引用而成为本标准的条款。凡是注日期的引用文件，其随后所有的修改单（不包括勘误的内容）或修订版均不适用于本标准，然而，鼓励根据本标准达成协议的各方研究是否可使用这些文件的最新版本。凡是不注日期的引用文件，其最新版本适用于本标准。

GB 2760 食品添加剂使用卫生标准

GB 7718 预包装食品标签通则

GB/T17237 畜类屠宰加工通用技术条件

《中华人民共和国食品卫生法》

《中华人民共和国动物防疫法》

《宁夏回族自治区清真食品管理条例》

3 术语与定义

以下术语和定义适用于本标准。

3.1 穆斯林饮食规约

在清真（HALAL）基础上发展、形成的世界穆斯林所通用饮食规约。

3.2 清真

清真（HALAL）就是伊斯兰教法指称的合法性行为。

3.3 清真食品

清真食品（HALALFOOD）是指伊斯兰教法许可的供人食用或饮用的成品和原料，以及传统的既是食品又是药品的物品（但不包括以治疗为目的的物品）。

3.4 穆斯林禁忌成分

穆斯林禁忌成分是指穆斯林饮食规约所禁忌的物品及其衍生物。

4 总则

4.1 本标准旨在严格保证清真食品的纯洁性，保障清真食品的质量安全，保障穆斯林的清真饮食安全，符合世界伊斯兰国家和地区的认证相关标准要求。

4.2 本标准认证的清真食品应符合国家和地方关于食品的卫生标准、质量标准、出入境管理标准和出口国的相关标准，本标准应符合《宁夏回族自治区清真食品管理条例》。

4.3 本标准为争取实现与世界伊斯兰国家和地区的认证相关标准对接。

4.4 本标准是清真食品的标准化生产、投入品监管、关键点控制、清真安全保障的技术规范，是采取产地认定和产品认证的技术规范，是确保清真产品的独特文化、品质和安全性的技术规范。

5 申请认证的清真食品生产经营企业的资质要求

5.1 申请认证的清真食品生产经营企业，应当取得当地工商营业执照、卫生许可证、食品生产许可证和《清真食品准营证》（或《清真食品许可证》）。

5.2 国外申请清真食品认证的企业，应当向宁夏回族自治区清真食品国际认证中心提交所在国权威机构 HALAL 认证文件，以资审查、协商、认可。

5.3 生产企业的名称、商标不得有穆斯林禁忌的内容。

5.4 企业负责人或主要管理人员中，应当有穆斯林。

5.5 采购、保管和主要制作人员应当是穆斯林。

5.6 肉类生产加工企业的屠宰主刀人员应当是阿訇、满拉或经过专业培训的穆斯林。

5.7 企业员工应当有一定数量的穆斯林，宁夏生产清真食品的企业应当符合《宁夏回族自治区清真食品管理条例》，申请宁夏清真食品国际认证中心认证的企业应当符合当地法定要求。

5.8 企业员工应当经过清真食品生产经营知识培训后上岗。

5.9 企业应当具有清真食品生产的环境、技术、设备、管理制度、人文等方面的条件。

5.10 企业产品应经宁夏清真食品检验检疫中心检验合格。

5.11 有完善的质量控制措施，有完备的生产销售记录档案。

6 清真食品原材料要求

6.1 食品的原料不得含有穆斯林饮食禁忌的成分（包括原材料和衍生物）

6.1.1 以动物为原料的食品：

（1）猪类；

（2）狗、蛇、鼠、猫和猴类；

（3）带有利爪和尖牙的食肉类动物，如狮、虎、熊及类似动物；

（4）带利爪的掠食类鸟类，如鹰、秃鹫及类似鸟类；

（5）害虫类，如蜈蚣、蝎子及类似动物；

（6）伊斯兰教禁止杀害的动物，如蚂蚁、蜜蜂和啄木鸟；

（7）一般令人讨厌的动物，如虱子、苍蝇等类似动物；

（8）青蛙、鳄鱼等两栖动物；

（9）骡、驴类；

（10）未按照伊斯兰教法屠宰的任何可食动物；

（11）除肉类和肝脏等器官自带之外血液及其任何衍生物；

（12）任何转基因动物及制品；

（13）其他禁忌动物及衍生物；

（14）将上述动物体上任何成分加入食品的。

6.1.2 以植物为原料的食品：

使人兴奋并对人有毒害的植物（毒素和有害物经过处理被排除的不在限制之内）。

6.1.3 饮料：

（1）含有酒精和以酒命名的饮料；

（2）令人兴奋并对人有害的饮料。

7 清真食品加工规范要求

7.1 产品

7.1.1 产品及其名称、形状、图案不得带有穆斯林禁忌的内容。

7.1.2 所生产的食品不得涉嫌为宗教祭祀食品。

7.2 清真食品的生产

7.2.1 农产品加工业养殖基地：

（1）不得饲养猪类；

（2）养殖所用饲料和饲料添加剂不得含有穆斯林禁忌的成分。如果不能保证，屠宰前应当经过40天净化饲养。

7.2.2 屠宰：

（1）屠宰技术条件应当符合 GB/T 17237 及相关标准和有关规定；

（2）屠宰人员应当是2名以上熟悉伊斯兰屠宰规范并经过专业培训的穆斯林；

（3）被屠宰的动物应当是穆斯林认为合法的动物；

（4）动物应当是活的或屠宰前认定是活的，并符合《中华人民共和国动物防疫法》的相关要求；

（5）屠宰的环境应当清洁；

（6）屠宰时被宰动物应当头朝南、喉部朝向麦加方向；

（7）屠宰刀具应当是锋利的，不得使用钝器、枪械；

（8）屠宰的下刀处应当在被宰动物的颈部喉头，屠宰应当按照穆斯林的规范程序进行：①下刀前应当按照相关程序诵念；②应当用刀切断被宰动物的气管、食管、主动脉及颈部的纹理；③最佳的宰牲为一刀完成，如不能完成需补刀，但抽刀时不可用力；

（9）在屠宰过程中，不得有不人道的行为：①让动物感到恐惧；②悬挂屠宰；③在活体上采割和剥皮；④在血沥尽前采割、剥皮、开膛。

7.2.3 清真食品加工

（1）加工场所应当符合穆斯林所要求的清洁环境。清真食品的生产线、检疫设备等，包括其原料和制作工艺应当符合穆斯林的规范，并保证专用。非清真食品加工企业经当地清真食品管理部门批准转为清真食品加工企业，其生产过非清真食品的设备和器具，应当在生产清真食品前严格按照穆斯林的清洁规范和程序清洗，不能清洗的设备用具不得用于清真食品生产。

（2）加工场所应当在显著位置悬挂《清真食品准营证》和获得宁夏清真食品国际认证中心认证的标志。

（3）加工场所不得有穆斯林禁忌的任何物品。

（4）加工场所的工作人员不得有穆斯林禁忌的任何行为。

（5）应当使用经过清真食品认证的原料进行加工，所使用的辅料不得对清真食品安全存在较大影响或潜在危害。

（6）生产、清洗、消毒过程应当符合穆斯林的规范，并不得使用酒精等禁忌的消毒剂。

（7）食品添加剂的质量应当符合相应的标准和相关规定，食品添加剂的使用范围和使用量应符合 GB 2760 规定，并不得含有穆斯林禁忌成分。

8 清真食品包装、标志、运输、存储要求

8.1 计量设备包括其原料和制作工艺应符合穆斯林的规范，并保证专用；

8.2 包装物的原材料应符合穆斯林的有关规范；

8.3 包装物的文字、形状和图案不得有违反穆斯林规约或伤害穆斯林感情的任何内容；也不得使用"太斯米"、"清真言"或来自《古兰经》、"圣训"的语句样式的内容；

8.4 包装物应在显著位置印制清真标识和《清真食品准营证》编号、宁夏清真食品国际认证标识和编号，并应当符合 GB 7718 规定；

8.5 在包装物上一般使用中文、英文和阿拉伯文或进口国文字；

8.6 为防止清真食品污染，其运输、存储应当符合以下要求：

8.6.1 运输与存储的设备、设施和器具等，应专用；

8.6.2 大型综合性的运输存储经营企业应保障所存储、运输、经营的清真食品与非清真食品有一定距离的隔离，运输设备在每次运输清真食品前要按穆斯林规范程序清洗。

参考文献

[1] J. Bhadury H., A. Eiselt., "Brand positioning under lexicographic choice", *European Journal of Operational Research*, 1999 (113): 1 - 16.

[2] Temporal, P., *Islamic Branding and Marketing: Creating A Global Islamic Business*, John Wiley & Sons Press, 2011.

[3] Shahidan Shafie, Md Nor Othman, *Halal Certification: an international marketing issues and challenges*, International IFSAM VIIth World Congress.

[4] Anderson J. C., Jain D. C., Chintagunta P. K., "Customer value assessment in business markets: A state - of - practice study", *Journal of Business - to - Business Marketing*, 1992, 1 (1): 3 - 29.

[5] Baker Ahmad, Alserhan, "Islamic branding: A conceptualization of related terms", *Journal of Brand Management*, 2010 (18): 34 - 49.

[6] Johan Fischer, "Religion, Science and Markets Modern Halal Production, trade and consumption", *EMBO Reports*, 2008 (9): 828 - 831.

[7] Nik Maheran Nik Muhammad (Corresponding author), Filzah Md Isa, Bidin Chee Kifli, "Positioning Malaysia as Halal - Hub: Integration Role of Supply Chain Strategy and Halal Assurance System", *Asia Social Science*, 2009 (5): 44 - 52.

[8] "Halal foods: a large and under - recognised market", *Food Engineering Ingredients*, 2009 (34): 26 - 28.

[9] Kambiz Heidarzadeh Hanzaee, "Intention To Halal Products In The World Markets", *Interdisciplinary Journal of Research in Business*, 2011 (5): 1 - 7.

[10] R. Venkatesh, Vijay Mahajan, "Products with Branded Components: An Approach for Premium Pricing and Partner Selection", *Marketing*

Science, 199716 (2): 146 – 165.

[11] Delvecchio, D. & Smith, D. C., "Brand extension price premiums: The effect of perceived fit and extension product category risk", *Journal of Academy of Marketing Science*, 2005, 33 (2) : 184 – 196.

[12] Francisco X. Aguilar, Richard P. Vlosky, "Consumer willingness to pay price premiums for environmentally certified wood products in the U. S", *Forest Policy and Economics*, 2007 (9): 1100 – 1112.

[13] Ravald A., and Gronroos C., "The value concept and relationship marketing", *European Journal of Marketing*, 1996, 30 (2): 19 – 30.

[14] Valarie A. Zaithaml, "Consumer Perceptions of Price, quality and Value: a means – end model and synthesis of evidence", *Journal of Marketing*, 1988 (52): 33 – 53.

[15] Wolfgang Ulaga, and Samir Chacour, "Measuring customer – perceived value in business markets", *Journal of Industrial Marketing Management*, 2001, 30 (2): 525 – 540.

[16] Al – Harran S., Low P., "Marketing of halal products: the way forward", *The Halal Journal*, 2008: 44 – 46.

[17] Darby, M., E. Karni, "Free Competition and the Optimal Amount of Fraud", *Journal of Law and Economics*, 1973, 16 (1) : 67 – 88.

[18] Nelson, P., "Information and Consumer Behavior", *Journal of Political Economy*, 1970, 78 (2) : 311 – 329.

[19] Pitchik C., Schotter A., "Honesty in a model of strategic information transmission", *The American Economic Review*, 1987, 77 (5): 1032 – 1036.

[20] Caswell, J. A. & Modjuzska, E. M., "Using Informational Labeling to Influencethe Market for Quality in Food Products", *American Journal of Agricultural Economics*, 1996 (78): 1248 – 1253.

[21] Krissoff B., Kuchler F., Calvin L., et al., *Traceability in the US food supply: economic theory and industry studies*, US Department of Agriculture, Economic Research Service, 2004.

[22] Akerlof, G., "The Market for 'Lemon's': Quality Uncertainty and the Market Mechanism", *Journal of Economics*, 1970 (84): 488 – 500.

[23] Stiglitz, J. E., "The Causes and Consequences of the Dependence of Quality on Price", *Journal of Economic Literature*, 1987, 25 (1), 1 – 48.

[24] Spence M., "Job market signaling", *The quarterly journal of Economics*, 1973, 87 (3): 355 – 374.

[25] Zailani S., Arrifin Z., Abd Wahid N., et al., "Halal traceability and halal tracking systems in strengthening halal food supply chains for food industry in Malaysia (a review)", *Journal of Food Technology*, 2010, 8 (3): 74 – 81.

[26] Shafie S., Othman M. N., *Halal certification: an international marketing issues and challenges*, Proceeding at the International IFSAM VIIIth World Congress. 2006: 28 – 30.

[27] Baek T. H., Kim J., Yu J. H., "The differential roles of brand credibility and brand prestige in consumer brand choice", *Psychology & Marketing*, 2010, 27 (7): 662 – 678.

[28] Erdem T., Swait J., "Brand equity as a signaling phenomenon", *Journal of consumer Psychology*, 1998, 7 (2): 131 – 157.

[29] Swait J., Erdem T., Louviere J., et al., "The equalization price: a measure of consumer – perceived brand equity", *International Journal of Research in Marketing*, 1993, 10 (1): 23 – 45.

[30] Washburn J. H., Till B. D., Priluck R., "Brand alliance and customer – based brand – equity effects", *Psychology & Marketing*, 2004, 21 (7): 487 – 508.

[31] Erdem T., Swait J., "Brand credibility, brand consideration, and choice", *Journal of Consumer Research*, 2004, 31 (1): 191 – 198.

[32] Keller K. L., "Branding and brand equity", *Handbook of marketing*, 2002: 151 – 178.

[33] Vazquez R., Del Rio A. B., Iglesias V., "Consumer – based brand equity: development and validation of a measurement instrument", *Journal of Marketing management*, 2002, 18 (1 – 2): 27 – 48.

[34] Ailawadi K. L., Lehmann D. R., Neslin S. A., "Revenue premium as an outcome measure of brand equity", *Journal of Marketing*, 2003: 1 – 17.

[35] Aaker D. A., "Measuring brand equity across products and markets", *California Management Review*, 1996, 38 (3): 103.

[36] Nedungadi P., "Recall and consumer consideration sets: Influencing choice without altering brand evaluations", *Journal of Consumer Research*, 1990, 17 (3): 263 – 276.

[37] Jacoby J., Szybillo G. J., Busato – Schach J., "Information acquisition behavior in brand choice situations", *Journal of Consumer Research*, 1977, 3 (4): 209 – 216.

[38] Erdem T., Keane M. P., "Decision – making under uncertainty: Capturing dynamic brand choice processes in turbulent consumer goods markets", *Marketing Science*, 1996, 15 (1): 1 – 20.

[39] Kuehn A. A., "*Consumer brand choice—A learning process? Mathematical Models in Marketing*", Springer Berlin Heidelberg, 1976: 25 – 26.

[40] Fischer J., "Religion, science and markets", *EMBO Reports*, 2008, 9 (9): 828 – 831.

[41] Shocker A. D., Ben – Akiva M., Boccara B., et al., "Consideration set influences on consumer decision – making and choice: Issues, models, and suggestions", *Marketing Letters*, 1991, 2 (3): 181 – 197.

[42] Aaker D. A., Keller K L., "Consumer evaluations of brand extensions", *The Journal of Marketing*, 1990: 27 – 41.

[43] Lafferty B. A., "The relevance of fit in a cause – brand alliance when consumers evaluate corporate credibility", *Journal of Business Research*, 2007, 60 (5): 447 – 453.

[44] Till B. D., Busler M., "The match – up hypothesis: Physical attractiveness, expertise, and the role of fit on brand attitude, purchase intent and brand beliefs", *Journal of Advertising*, 2000, 29 (3): 1 – 13.

[45] Caprara G. V., Barbaranelli C., Guido G., "Brand personality: how to make the metaphor fit?", *Journal of Economic Psychology*, 2001, 22 (3): 377 – 395.

[46] Pitta D. A., Katsanis L. P., "Understanding brand equity for successful brand extension", *Journal of Consumer Marketing*, 1995, 12

(4): 51 - 64.

[47] Barone M. J., Miniard P. W., Romeo J. B., "The influence of positive mood on brand extension evaluations", *Journal of Consumer Research*, 2000, 26 (4): 386 - 400.

[48] Martinez E., De Chernatony L., "The effect of brand extension strategies upon brand image", *Journal of Consumer Marketing*, 2004, 21 (1): 39 - 50.

[49] Park C. W., Milberg S., Lawson R., "Evaluation of brand extensions: the role of product feature similarity and brand concept consistency", *Journal of Consumer Research*, 1991: 185 - 193.

[50] Pitchik C., Schotter A., "Honesty in a model of strategic information transmission", *The American Economic Review*, 1987, 77 (5): 1032 - 1036.

[51] Tversky A., Kahneman D., "Rational choice and the framing of decisions", *Journal of Business*, 1986: S251 - S278.

[52] Zeithaml V. A., "Consumer perceptions of price, quality, and value: a means - end model and synthesis of evidence", *The Journal of Marketing*, 1988: 2 - 22.

[53] Herbert A. Simon, *Administrative Bhhavior*, 2nd, New York: Wiley, 1985, (241).

[54] Bagozzi R. P., Dholakia U., "Goal setting and goal striving in consumer behavior", *The Journal of Marketing*, 1999, 63 (4): 19 - 32.

[55] Griffin M., Babin B. J., Darden W. R., "Consumer assessments of responsibility for product - related injuries: The impact of regulations, warnings, and promotional policies", *Advances in Consumer Research*, 1992, 19 (1): 870 - 878.

[56] Dzyabura D., Hauser J. R., "Active machine learning for consideration heuristics", *Marketing Science*, 2011, 30 (5): 801 - 819.

[57] Havinga T., "Regulating halal and kosher foods: different arrangements between state, industry and religious actors", *Erasmus Law Review*, 2010, 3 (4): 241.

[58] Alhabshi S. M., Mariam S., "Halal Food Dilemmas: Case of Muslims

in British Columbia, Canada", *International Journal of Asian Social Science*, 2013, 3 (4): 847 – 870.

[59] Alserhan B. A., "On Islamic branding: brands as good deeds", *Journal of Islamic Marketing*, 2010, 1 (2): 101 – 106.

[60] Talib A., Ali M., Anuar K., et al., "*Quality assurance in halal food manufacturing in Malaysia: a preliminary study*", International Conference on Mechanical & Manufacturing Engineering (ICME2008), 2008: 1 – 5.

[61] Riaz M. N., "Halal food: an insight into a growing food industry segment", *International Food Marketing and Technology*, 1998, 12 (6): 6 – 9.

[62] Che Man Y. B., Abdul Latif M., "*Halal food in global perspective*", Seminar on Halal: The Concept and Its Business Opportunities, Malay Chamber of Commerce Malaysia (DPMM), Kuala Lumpur, 2003.

[63] Bonne K., Vermeir I., Bergeaud – Blackler F., et al., "Determinants of halal meat consumption in France", *British Food Journal*, 2007, 109 (5): 367 – 386.

[64] 邓淑芬、吴广谋、赵林度等：《食品供应链安全问题的信号博弈模型》，《物流技术》2005 年第 10 期。

[65] 张忠孝：《"清真食品"定义和范围界定问题的探析——以〈宁夏回族自治区清真食品管理条〉为例》，《回族研究》2006 年第 1 期。

[66] 姚蓓艳：《论宁夏清真产业发展对物流业的挑战》，《商业时代》2010 年第 12 期。

[67] 周洁红、黄祖辉：《食品安全特性与政府支持体系》，《中国食物与营养》2003 年第 9 期。

[68] 李想：《信任品质量的一个信号显示模型：以食品安全为例》，《世界经济文汇》2011 年第 1 期。

[69] 王平：《东南沿海城市清真食品行业现状及发展的调查与分析——以福建省厦门市清真食品行业为例》，《回族研究》2010 年第 4 期。

[70] 喇延真：《清真食品饮食文化及其食品行业管理研究——以甘肃省为视点的比较分析》，博士学位论文，西北民族大学，2009 年。

[71] 赵静：《回族清真饮食文化的民族学研究——以兰州华宇清真美食

有限公司为个案》，博士学位论文，西北民族大学，2007年。

[72] 陈燕玲：《论穆斯林特色食品中的"清真"与"特色"——兼论清真食品立法的必要性》，《北方民族大学学报》（哲学社会科学版）2009年第2期。

[73] 杨瑞：《宁夏回族自治区清真食品产业竞争力研究》，博士学位论文，中央民族大学，2009年。

[74] 张惠玲：《宁夏清真食品如何适应现代社会》，《农业科学研究》2011年第1期。

[75] 包玉明、刘烈军：《关于清真食品产业发展问题的几点思考和探索》，《黑龙江民族丛刊》2004年第6期。

[76] 夏合群：《宁夏清真食品、穆斯林用品产业化的发展现状及对策》，《河北工业科技》2008年第3期。

[77] 王超：《中国清真食品标准与认证问题探索》，《中国穆斯林》2010年第5期。

[78] 周瑞海：《清真食品的特点探析》，《回族研究》2004年第1期。

[79] 杨保军、高晓勤：《西部民族地区产业集群品牌联合研究——以宁夏清真食品产业为例》，《乡镇经济》2009年第1期。

[80] 李自然：《试论我国清真食品管理立法中存在的几点问题及思考》，《宁夏社会科学》2010年第6期。

[81] 李德宽：《宁夏"清真产业"发展状况、问题与关键性战略》，《回族研究》2010年第4期。

[82] 张卫斌、顾振宇：《基于食品供应链管理的食品安全问题发生机理分析》，《食品工业科技》2007年第1期。

[83] 白长虹：《西方的顾客价值研究及其实践启示》，《南开管理评论》2001年第2期。

[84] 王茂华、袁松宏：《中国—东盟清真食品认证发展现状》，《中国食品工业》2010年第4期。

[85] 王广平、马永：《唐·两宋时期伊斯兰教在广州史考》，《广州大学学报》（社会科学版）2006年第1期。

[86] 黄友贤：《海南"蕃客"——中国最早之穆斯林考》，《海南大学学报》（人文社会科学版）2008年第6期。

[87] 来媛媛、刘曼：《中国最早的穆斯林——初探海南外籍穆斯林由

来》,《法制与社会》2007 年第 10 期。

[88] 杜倩萍:《回族饮食观的形成和发展》,《民族研究》1999 年第 2 期。

[89] 刘守刚:《阿布都瓦壶》,《中国民族》1986 年第 4 期。

[90] 樊根耀:《第三方认证制度及其作用机制研究》,《生产力研究》2007 年第 2 期。

[91] 熊芳亮:《国外清真食品的管理概况》,《中国民族报》2005 年第 6 期。

[92] 林松:《〈清真饮食文化〉序》,《中国穆斯林》2000 年第 5 期。

[93] 杨柳:《中国清真菜特色三说》,《中国烹饪》2000 年第 2 期。

[94] 曹琳:《地理标志产品的品牌化机制与策略研究》,博士学位论文,山东大学,2012 年。

[95] 荀娜:《基于结构方程模型的消费者食品安全信心评价研究》,博士学位论文,吉林大学,2011 年。

[96] 彭靖、马军海:《基于消费者品牌偏好的 Hotelling 博弈模型》,《西安电子科技大学学报》2010 年第 1 期。

[97] 张玉荣:《构建强势品牌关系的动因分析》,《华东经济管理》2006 年第 4 期。

[98] 菲利普·科特勒:《营销管理》,梅汝和、梅清豪、周安柱译,中国人民大学出版社 2000 年版。

[99] 吉本斯、高峰:《博弈论基础》,中国社会科学出版社 1999 年版。

[100] 孙曰瑶、刘华军:《品牌经济学原理》,经济科学出版社 2007 年版。

[101] 王成荣:《品牌价值论:科学评价与有效管理品牌的方法》,中国人民大学出版社 2008 年版。

[102] 奥利弗·E.威廉姆森、西德尼·G.温特:《企业的性质:起源、演变和发展》,商务印书馆 2010 年版。

[103] 方伟翰、哈拉德·维泽:《市场竞争中的企业策略:博弈分析论》,上海社会科学院出版社 2000 年版。

[104] 萨姆·希尔、克里斯·莱德勒:《品牌资产》,机械工业出版社 2004 年版。

[105] 张其仔:《中国产业竞争力报告(2010)》,社会科学文献出版社

2010年版。

[106] 普拉伊特·K. 杜塔：《策略与博弈：理论及实践》，上海财经大学出版社2005年版。

[107] 弗兰克·H. 奈特：《风险、不确定性与利润》，商务印书馆2006年版。

[108] 埃克哈特·施里特：《习俗与经济》，长春出版社2005年版。

[109] 陈钊：《信息与激励经济学》，格致出版社2010年版。

[110] 道格拉斯·C. 诺思：《制度、制度变迁与经济绩效》，格致出版社2008年版。

[111] 戴维·L. 韦默：《制度设计》，上海财经大学出版社2004年版。

[112] 阿兰·斯密德：《制度与行为经济学》，中国人民大学出版社2004年版。

[113] 晏国祥：《消费体验价值论》，经济科学出版社2009年版。

[114] 胡毓达：《多目标决策——实用模型和选优方法》，上海科学技术出版社2010年版。

[115] 罗伯特·F. 德维利斯：《量表编制：理论与应用》，重庆大学出版社2010年版。

[116] 邱皓政、林碧芳：《结构方程模型的原理与应用》，中国轻工业出版社2009年版。

[117] 王卫东：《结构方程模型原理与应用》，中国人民大学出版社2010年版。

[118] 马坚：《古兰经》，中国社会科学出版社1981年版。

[119] 鲍尔斯：《微观经济学：行为，制度和演化》，中国人民大学出版社2006年版。

[120] 盖尔、韦森：《一般均衡的策略基础：动态匹配与讨价还价博弈：经济理论的丘吉尔讲座》，上海三联书店2004年版。

[121] 侯杰泰、温忠麟、成子娟：《结构方程模型及其应用》，教育科学出版社2004年版。

[122] 吴明隆：《结构方程模型——AMOS的操作与应用》，重庆大学出版社2009年版。

[123] 曾五一：《统计调查体系与调查方法问题研究》，中国统计出版社2009年版。

[124] 吴明隆:《问卷统计分析实物——SPSS 操作与应用》,重庆大学出版社 2010 年版。

[125] 罗伯特·F. 德维利斯:《量表编制:理论与应用》,重庆大学出版社 2004 年版。

[126] 荣泰生:《SPSS 与研究方法》,东北财经大学出版社 2012 年版。

[127] 弗洛德·J. 福勒:《调查问卷的设计与评估》,重庆大学出版社 2010 年版。

[128] 蓝石:《社会科学定理研究的变量类型、方法选择及范例解析》,重庆大学出版社 2011 年版。

[129] 田慧光:《食品安全控制关键技术》,科学出版社 2004 年版。

[130] 魏益民、刘为军、潘家荣:《中国食品安全控制研究》,科学出版社 2008 年版。

[131] 曹小红:《食品安全与卫生》,科学出版社 2006 年版。

[132] 希夫曼、卡纽克、江林:《消费者行为学》,中国人民大学出版社 2007 年版。

[133] 方国华、黄显凤:《多目标决策理论、方法及应用》,科学出版社 2011 年版。

[134] 黄有光、张定胜:《高级微观经济学》,上海人民出版社 2008 年版。

[135] 白剑波:《清真饮食文化》,陕西旅游出版社 2000 年版。

[136] 洪开荣、孙倩:《经济博弈论前沿专题》,经济科学出版社 2012 年版。